Obras de Tea

Antonio de Pórcel Flores Jaimes Freyre

El Vuelo

¿Destino o Coincidencia?

Comedia

Antonio de Pórcel Flores Jaimes Freyre

Colección

Obras de Teatro

de

ToTTó "El Bohemio Boliviano"

Antonio de Pórcel Flores Jaimes Freyre
Copyright
Noticia de Protección de Derechos De Autor

Obras de Teatro de ToTTó: El Vuelo
Información Editorial

Diseño de las portadas:
ToTTó "El Bohemio Boliviano".

Fotografía de ToTTó: Sandra Nemtala.
Fotografía de Samuel: Nicolás de Pórcel
Fotografía de Fanny: ToTTó
Modelo de Clarisse: Fanny Mayo
Modelo de Samuel: Nicolita de Pórcel

Revisión y Edición:
Antonio de Pórcel Flores Jaimes Freyre.

Prólogo:
Antonio de Pórcel Flores Jaimes Freyre.

Publicado por:
Nicolás de Pórcel Linale
En Redwood City California
Estados Unidos de América USA
Primera Edición: 2016

Editorial:
"Tres Baturros
En Un Burro"

Obras de ToTTó por Publicar

Teoría Poética de ToTTó:

001 Volumen II: Poética del Verso

002 Volumen III: Poética de la Estrofa

003 Volumen IV: Poética del Poema

Obras de Teatro:

Dramas

004 "Esclavos de la Droga: Drama y Ballet"

005 "ZileFyos y El Monstruo y la Bruja OdeiMnis"

006 "El Lorito, El Héroe de la Guerrilla en Bolivia:
      La leyenda del Che.

Comedias

007 "Desde San Francisco a La Paz"

008 "Las Uvas de Nicole"

009 "Una Equivocación en un Tiempo Equivocado"

010 "La Primera Cita"

011 "Las Rosas de Magdalena"

012 "¿Dónde Está La Luna?"

013 " El Pescador y la Sirena Mágica "

Obras de teatro para niñas y niños

014 La Bruja Mala y el Hada Buena

Libros de Poemas

Poemas y Sonetos Inspirados en poesías

015 Volumen I; II; III; IV

Poemas de Amor: Petunia y Pensamiento:

016 Volumen I: Alegría y Penas; Amar Amando

017 Volumen II: Momentos

018 Volumen III: Festejando

019 Volumen IV: Reflexiones de un Pensamiento

Poema para Amigas y Amigos de un Bohemio

020 Volumen I; II

Poemas Exotéricos

021 Poemas sin Tema ni Sentido

022 Poemas Improvisados

Ballets: Libretos y Música

023 El Soplo Divino y la Vida

Índice

Antonio de Pórcel Flores Jaimes Freyre

Dedicatoria

Esta comedia está dedicada

a las alumnas

de mis talleres

de:

Poética

========

de

Actuación Teatral

========
y
a las personas que gustan

leer y actuar en el teatro.

Antonio de Pórcel Flores Jaimes Freyre

Pensamientos de un Bohemio

Una pintura, un cuadro, una fotografía,

expresan más que mil palabras

Un poema

expresa más que mil cuadros

Una canción

expresa más que mil poemas

Carpe Diem Quia Vobis
A amplectaris ab amico
Un abrazo de amigo
ToTTó

Antonio de Pórcel Flores Jaimes Freyre

Agradecimientos

Agradezco humildemente la valiosa ayuda y colaboración:

En la edición a: Sandra de Pórcel Nemtala
En la publicación a mi admirado hijo.
Nicolás de Pórcel Linale,

A mi querida hermana:
Teresa de Pórcel Flores Jaimes Freyre
Por su aliento constante y por animarme a lanzarme y compartir con mis lectores, directores, productores, actrices y actores esta simple comedia.

A actrices y/o actores que quieran representar esta comedia

A mis amigas y amigos:

Miles de gracias a todos mis amigos que, cada uno a su manera, me han ayudado y estimulado durante el transcurso de mi corta carrera como escritor.

ToTTó

Antonio de Pórcel Flores Jaimes Freyre

El Vuelo

¿Coincidencia?

¿Destino?

Comedia

En Tres Escenas

y

Epílogo

Antonio de Pórcel Flores Jaimes Freyre

Prefacio

Hablando de Coincidencias

Cuando hablamos acerca de las coincidencias nos referimos a sucesos inesperados, que ocurren al azar, sin explicación alguna.

En mi opinión, no existen "Las Coincidencias". Aristóteles dijo que los sucesos que parecen coincidencias se deben a lo que el llama "La Causa Final". Hacemos lo que hacemos guiados por una finalidad, lo hacemos "para algo" o "por algo".

La razón más común es que queremos hacerlo". Si encuentro a alguien en lugar, no es una "coincidencia". Esa persona y yo estábamos ahí, al mismo tiempo porque ambos teníamos una razón para estar "ahí", es decir que teníamos una finalidad, una causa final.

Algunos creen que los sucesos que parecen "coincidencias" son actos que están ya predestinados. Nuestros caminos se cruzan, porque es nuestro destino que se crucen y no por una coincidencia. Nuestra vida en este mundo ha sido planificada antes de que hayamos nacido.

Otros no aceptan la creencia en el "Destino". Ellos creen en el "Libre Albedrío". Piensan que el ser humano es libre de escoger y planificar su vida, por eso tiene la responsabilidad de lo que le ocurre.

Me pregunto ¿Quién tiene la razón?

¿Cuál es la relación entre la idea del "Destino" y la idea de la "Libertad"? ¿Puede el ser humano, tiene la facultad de "controlar todo, lo que le pasa en su vida?¿Si no puede controlar "todo", puede controlar los sucesos más importantes de su vida? ¿Cuáles son los sucesos "Mas Importantes" en la vida de una persona? ¿Es el haber nacido un suceso importante? ¿Qué piensan mis lectores? ¿Quién lo sabe?

Veamos un ejemplo

Al venir a este mundo, yo nací y no pude controlar o escoger: cuando, donde, mi familia, ni las circunstancias de mi nacimiento.

Nací en 1936, in Bolivia, hijo de una familia estupenda, que me dio todo lo que una persona puede desear: muy buenos ejemplos; muy buena educación; un sentido del humor excelente; etc. etc..

El mismo año, en el mismo día y a la misma hora muchas personas nacieron en Polonia en familias Judías. Estás personas vivieron, durante varios años sin gozar de los beneficios de la "libertad"; dominados por la tiranía de un gobierno extranjero, muchas de ellas murieron aterrorizadas.

¿Es posible creer que estas personas tuvieron la "libertad" y pudieron escoger, controlar: el lugar, el día, la familia y las circunstancias de su nacimiento? Tengo mis dudas. ¿Fue una "coincidencia" o fue su destino?

Prólogo

Tema Central de la Obra

En esta obra, trataré de entretener a al público con la historia de un hombre y una mujer que se encuentran en un vuelo. Dejó a ustedes la tarea es juzgar si su encuentro fue una "coincidencia" o fue su "destino".

Antecedentes del Encuentro

Un día, en Febrero de 1989, en un vuelo de San Francisco, California a Washington Distrito De Columbia (WDC), Samuel estaba sentado en la primera fila, en asiento 1A, cerca de la ventana izquierda del avión.

La primera parada del vuelo era el aeropuerto de Phoenix, Arizona. Muchos pasajeros bajaron y otros pasajeros subieron al avión en este aeropuerto. Samuel pensó que ese día tenía suerte, el asiento 1B del medio y el asiento 1C al lado del pasillo quedaron vacíos.

Para asegurar que estos dos asientos queden libres, Samuel tomó dos revistas, se sentó en 1B en el asiento del medio, puso una revista en 1A y la otra en 1C al lado del pasillo.

Antonio de Pórcel Flores Jaimes Freyre

Pocos segundos antes que las puertas del avión se cierren, Clarisse, una muchacha muy guapa, con una falda roja bastante corta y una blusa de seda blanca, entra a prisa al avión.

Busca un asiento libre. Mira las revistas en 1A y 1C de la primera fila. Mira las otras filas, no encuentra un asiento vació. Mientras, Samuel, con disimulo, toma la revista de 1C y la pone en 1A, dejando el asiento 1C vació.

Clarisse vuelve a mirar la primera fila y ve que 1C está vació. Sin más ni más, pone su maletín bajo del asiento 1C. Se sienta en el asiento del pasillo 1C y, afanada, empieza a buscar el cinturón de seguridad.

Durante el vuelo, Samuel y Clarisse conversan y se dan cuenta que ambos se dirigen al mismo lugar, una oficina en el edificio del Gobierno Federal.

¿Fue este su encuentro una simple "coincidencia" o fue su "destino"?

Estructura de la Obra

Esta obra tiene tres escenas y un epílogo. Las escenas se llevan a cabo dentro de un avión; el epílogo en una sala pequeña.

Durante el vuelo, los dos personajes principales están sentados en los asientos de la izquierda, en la primera fila del avión. En el epílogo una pareja joven entra en escena.

Personajes

Samuel: Un hombre de treinta y cinco años de edad que es profesor de Diseño de Modas en una universidad de bastante renombre en San Francisco, California.

Clarisse: Una joven, muy guapa, de veinte dos años de edad, estudiante de una universidad en Phoenix, Arizona.

Dos Azafatas del Vuelo Mujeres jóvenes.

Simone - Nezba Una joven de veintidós años.

André: Un joven de veinte dos años de dad.

Cinco o más pasajeros

Primera Escena

Escenario

Al prenderse las luces, Samuel está sentado en el asiento 1A al lado de la ventana; los asientos 1B del medio y 1C del pasillo, están vacíos.

Actuación

Samuel se para, toma dos revistas del revistero en la pared de la ventana, se sienta en 1B, se abrocha el cinturón de seguridad. Pone una revista en el asiento 1A y la otra en el asiento 1C. Clarisse entra a la carrera, ve las dos revistas en los asientos de la primera fila. busca otro asiento vació pero no lo hay. Al verla Samuel, disimuladamente, levanta la revista, la pone en A1 y deja libre el asiento 1C. Clarisse vuelve a mirar la primera fila y ve que ahora el asiento C1 está libre, pone su maletín de mano debajo del asiento 1C y se sienta en 1C. De inmediato, moviéndose de un lado para el otro, empieza a buscar su cinturón de seguridad, no lo puede encontrar, porque Samuel, sin darse cuenta, está sentado sobre el cinturón del asiento 1C.

Diálogo

Samuel observa a Clarisse bastante entusiasmado.

SAMUEL: {*en tomo de broma*} **"¿Está Usted buscando su cinturón y no lo puede encontrar?"**

Clarisse un poco molesta por la preguntita, no le hace caso y sigue buscando el cinturón.

CLARISSE: {*hablando consigo misma*} **"Debía estar aquí** {*señalando el asiento 1C*}. **¡Pardiez! No lo encuentro.** {*sin darse la vuelta, sin mirarlo pregunta a Samuel*} **¿Usted no lo vio?"**

24

SAMUEL: {*riendo burlonamente*} **"Encontré el mío muy fácilmente. Usted tiene que buscar con más calma. Ja. Ja. Ja."**

Se oye la voz de la azafata dando las instrucciones de vuelo a los pasajeros. Clarisse parada, sigue buscando el cinturón.

CLARISSE: {*bastante molesta levanta la cabeza y lo mira fijamente*} **"¿De qué se ríe? Esto no tiene gracia para que Usted se ría. ¿No oyó a la azafata decir que todos debemos ponernos los cinturones de seguridad?** {*haciendo una mueca de disgusto*} **No lo encuentro ¿Dónde diablos puede estar?"**

Clarisse, que no encuentra el cinturón. se sienta en 1C, muy incomoda.. Al ver que ella no tiene el cinturón de seguridad, la azafata se acerca a ella y le pregunta:

AZAFATA: {*con voz amable, pero autoritaria*} **"Señorita, por favor. ¿Puede Usted sentarse y ponerse su cinturón de seguridad?** {*señalando la luz de letrero*} **¿Es que no vio el letrero o no oyó mis instrucciones?"**

CLARISSE: {*ruborizándose, todo avergonzada, Clarisse sigue de pie*} **"No puedo hacerlo. He buscado el cinturón por todos lados y no lo encuentro. Quizás Usted pueda encontrarlo. "**

La azafata busca el cinturón en el asiento 1C de Clarisse y como no lo encuentra decide buscarlo en al asiento 1B donde está sentado Samuel.

AZAFATA: {*amablemente a pide a Samuel*} **"Señor, tenga la bondad de ponerse de pie, por favor.'**

SAMUEL: {*sorprendido*} **"¿Cómo dice? ¿Por qué quiere Usted que me pare?"**

AZAFATA: {*con autoridad*} **"Porque Usted está sentado sobre el cinturón del asiento de la señorita."**

Samuel trata de pararse, pero no puede hacerlo porque el tiene el cinturón abrochado que no lo deja pararse. Clarisse lo mira moviendo la cabeza de un lado para el otro pensando para sus adentros "este tipo parece ser un tonto".

AZAFATA: {*sonriendo*} **"Señor, tiene que desabrocharse el cinturón primero si quiere pararse."**

Samuel, muy avergonzado, se desabrocha el cinturón rogando a Dios que la azafata esté equivocada. Se pone de pie. Clarisse riéndose a carcajadas, toma el cinturón, se sienta cómodamente, se lo abrocha muy contenta con lo ocurrido. Samuel levanta la revista del asiento 1A y la pone en el casillero de revistas que está en la pared de la ventana. Se sienta en el asiento 1A al lado de la ventana, se abrocha su cinturón, quedándose callado y cabizbajo. La azafata, agradeciéndole, se retira a sus quehaceres. Clarisse se siente mejor estando separada de él, con el asiento 1B del medio libre.

Pausa

Obras de Teatro de ToTTó: El Vuelo

Se oye la voz de la azafata que anuncia que los pasajeros que deseen, pueden ponerse más cómodos y desabrochar sus cinturones, pero que se recomienda tenerlos abrochados la mayor parte del vuelo. También ofrece refrescos y su asistencia en lo que pueda para hacer del viaje mas cómodo.

Clarisse inmediatamente desabrocha su cinturón, reclina su asiento y trata de ponerse cómoda. Samuel la imita, se desabrocha su cinturón y la mira de reojo siguiendo detalladamente sus movimientos. Ella se da cuenta que la están observando y hace un gesto de mal gusto.

Pasan unos segundos. Clarisse, que no está muy cómoda, levanta la baranda que separa su asiento 1C y el asiento del medio 1B. Luego se sienta en 1B y lo reclina. Samuel disimuladamente sube la baranda que separa su asiento 1A con el asiento 1B. Clarisse reacciona molesta, lo mira desdeñosamente y de un golpe, baja la baranda que levantó Samuel. Samuel, con una sonrisa burlona, la vuelve a subir, moviendo la cabeza negativamente.

Clarisse lo mira de pies a cabeza afrontándolo, hace un gesto con una mano, cambia de asiento, se sienta en 1C, al lado del pasillo, dejando en asiento 1B vacío. Las barandas que separan los asientos entre 1A, 1B y entre 1B, 1C quedan hacia arriba.

Después de un corto momento, Clarisse se vuelve a parar, de espaldas a Samuel, se agacha, saca su mochila que está debajo del asiento 1C, se saca los zapatos de taco alto, los mete, descuidadamente, en la mochila. Se estira, se vuelve a sentar en 1C, en el asiento del pasillo, y se fricciona un poco los pies.

Luego se recuesta en los dos asientos 1B y 1C, con su cabeza al lado del pasillo y sus rodillas dobladas hacia Samuel. El la mira con una mezcla de sorpresa y agrado.

Ella se da cuenta que Samuel la observa en forma un poco descarada, bruscamente se sienta en 1B, Baja la baranda separando los asientos 1A y 1B, se da vuelta, se reclina en 1B y1C con sus rodillas hacia el pasillo y su cabeza apoyada en la baranda entre 1A y 1B, del asiento de Samuel. Samuel hace un gesto mirándola desdeñosamente y disimulando se pone a mirar por la ventana.

Las azafatas y algunos pasajeros, en asientos cercanos, los observan entretenidos.

SAMUEL: *{hablando para si mismo}* **Estas jóvenes creen que todo se lo merecen porque ser lindas. Tendré que darle una lección.** *{Clarisse se hace la que no lo oyó ignorándolo}.*

Después de un corto momento de silencio

SAMUEL: *{con voz un poco autoritaria}* **"Señorita siento mucho lo que pasó. No he tenido mala intención, me senté sobre su cinturón sin darme cuenta. No debe tomarlo a mal."**

CLARISSE: *{Clarisse se sienta erecta en el asiento 1B, del medio, al lado de él, mirándolo fijamente e incrédula}* **"De manera que Usted se quiere hacer el que no lo vio, el santito, lleno de buenas intenciones. ¡Hum!** *{mofándose de él demostrando su habilidad de juzgar a los hombres}* **Creo que Usted se sentó sobre el cinturón a propósito para observarme, siguiendo mis movimientos de reojo.**

¿Cree que soy una tonta y no me doy cuenta? Conozco a los hombres como Usted que echan el ojo a cualquier par de piernas. Sepa Usted que mi madre me ha enseñado muy bien como tratar a los de su clase."

SAMUEL: *{bastante molesto, con voz fuerte}* *"¿A los de Mi Clase? Señorita, no sabe con quién está Usted hablando. Es Usted como todas las jóvenes engreídas que creen que el mundo les pertenece. Me alegro mucho saber que su distinguida señora Madre haya tratado de enseñarle buenas costumbres, aunque dudo mucho que Usted las haya aprendido. Me gustaría que felicite a su señora mamá y la salude en mi nombre."*

Clarisse ignora su respuesta, se para, de espaldas a Samuel, se agacha, saca su mochila de debajo 1C y busca algo en ella, uno de sus zapatos se cae, lo levanta bruscamente y lo tira dentro de la mochila. Hace un gesto de desagrado, porque no encuentra lo que está buscando. Cierra la mochila y la tira bajo el asiento del medio 1B. Se acerca al revistero, se inclina, toma una revista. Se sienta en el asiento del pasillo 1C, con un gesto de cansancio, ojea la revista desinteresadamente. Samuel sigue todos sus movimientos tratando de disimular que la observa. Luego trata de ignorarla y vuelve a mirar por la ventana. Al poco rato Clarisse exclama:

CLARISSE: *{frotándose los brazos}* *"Hace mucho frío."*

Clarisse se para, la revista cae de sus faldas, se estira tratando de cerrar el aire acondicionado. Samuel, que sigilosamente la estaba observando, se agacha y trata de recoger la revista. Al hacerlo, sin intentarlo, da un pequeño cabezazo rosando las piernas de Clarisse. Clarisse da un salto atrás y reacciona inmediatamente alejándose de él. Samuel, pone la revista en el revistero se sienta en 1A y se abrocha su cinturón. Clarisse lo mira disgustada y con las dos manos en las caderas lo enfrenta.

CLARISSE: *{bastante enojada}* **"¿Qué es lo que Usted esta tratando de hacer? ¿Qué es lo que se imagina? ¿Quién cree que soy yo? ¿Cuáles son su intenciones?"**

Las azafatas los miran desde la puerta listas para intervenir si es necesario. Otros pasajeros también los miran. Samuel y Clarisse no se dan cuenta que están siendo observados, muy ocupados con ellos mismos.

SAMUEL: *{frotándose la cabeza, con voz autoritaria}* **"Perdone señorita, traté de ayudarla levantando la revista. No tengo malas intenciones. Siento mucho lo que ha pasado y espero que Usted lo comprenda. No sabía que Usted era tan mal pensada y que tiene tal mal genio. Eso es todo."**

CLARISSE: *{parada cerca del asiento 1C, un poco confundida y bastante arrepentida de su reacción, logra tranquilizarse, con voz un poco más amable}* **"Olvídese de la revista y ayúdeme a controlar el aire acondicionado que me estoy helando de frío."**

Samuel trata de pararse pero, una vez más no puede hacerlo, porque está con el cinturón abrochado.

CLARISSE: *{Clarisse lo mira sonriéndose, con voz burlona y haciendo una mueca chistosa}* **"Tiene que desabrocharse el cinturón si quiere pararse.**

SAMUEL: *{sorprendido y un poco avergonzado}* **!Ho!**

Samuel se desabrocha el cinturón, se pone de pie, apaga el aire acondicionado. Sin darse cuenta, se sienta en el asiento 1B del medio. Clarisse lo mira sorprendida. Samuel se da cuenta de su error, disimuladamente se cambia a 1A junto a la ventana y se abrocha el cinturón. Clarisse hace una mueca chistosa riéndose. Luego, frotándose los brazos, se sienta en el asiento 1B del medio, mirando al frente y sin abrocharse el cinturón. Las azafatas se alejan sonriendo.

SAMUEL: *{Un poco molesto}* **"Usted podía darme las gracias, por lo menos. Ahora no sentirá tanto frío. Además, puede usar cualquiera de los dos asientos, como le venga en gana, pero acuérdese del buen ejemplo que le dio su señora Madre . . .**

Clarisse lo interrumpe, se pone de pie, frente a él, hace una venia y, con una mueca chistosa, le agradece.

CLARISSE: *{mofándose}* **"Muchas Gracias."**

Clarisse se vuelve a sentar, esta vez en el asiento 1C, del pasillo, lejos de él. Pasa un momento de silencio. Samuel mira por la ventana aunque no hay nada interesante que mirar. Clarisse, disimuladamente, lo observa como si fuera la primera vez que lo ve. Samuel da la vuelta la cabeza y la mira. Por primera vez, los dos se miran a los ojos por unos segundos. Clarisse se sonríe apenas. Samuel afirma con la cabeza.

SAMUEL: *{con más calma, con voz amigable como queriendo hacer las paces}* **"Deseo que tenga Usted un buen viaje. Este es un vuelo largo y cansador."**

Clarisse entiende la intención de Samuel y le sonríe más abiertamente, una sonrisa de vendedora de automóviles.

CLARISSE: *{con sinceridad esta vez}* **"Muchas gracias, le deseo lo mismo."**

SAMUEL: *{con toda la gracia y amabilidad que le es posible, con una sonrisa pícara}* **"¿Me promete portarse bien?"**

Clarisse lo mira de arriba para abajo sorprendida, hace una mueca chistosa.

CLARISSE: *{con toda confianza}* **"No necesito prometerlo. Siempre lo hago, Usted no debe tener duda alguna. Aunque Usted no lo crea, he aprendido muy bien las enseñanzas de mi madre."**

Samuel se sonríe abiertamente.

SAMUEL: {*en tono medio en broma y medio en serio*} **"Si es así, le propongo cambiar de asiento,** {*señalando con el dedo*} **en ese asiento hace más frío, el pasillo tiene mucho tráfico, el del medio es mucho más cómodo."**

Clarisse lo mira un poco confundida, sin poder creerlo o comprenderlo. Da la vuela el torso hacia él, cruza las piernas bajándose la falda lo mas que puede y le pregunta.

CLARISSE: {*con tono en poco brusco*} **"¿Qué es lo que pretende ahora?"**

SAMUEL: {*con confianza*} **"Nada malo desde luego, se lo digo en."**

Clarisse, dándose cuenta que él le está "tomando el pelo", sonriendo, se arregla el cabello y lo interrumpe.

CLARISSE: {*con vos suave y chistosa, bromeando*}. . **"Tiene Usted mala suerte. Por ahora, no cambio de asientos.** {*apuntando con el dedo a los dos asientos*} **Pero usaré los dos asientos, como y cuando yo quiera. No se preocupe, que me portaré bien."**

SAMUEL: {*sorprendido por el cambio de tono en su voz*} **"¿Será eso posible? ¿Usted un poco amable? Quizás un verdadero milagrito nos visite."**

Una vez más Clarisse lo mira de pies a cabeza.

CLARISSE: {*con tono un poco picaresco*} ***"Con sus preguntitas de inocente. Lo veo muy clarito, Usted está tratando de atraerme. ¿No es verdad?*** {*levantando la quijada hacia el cielo y con desdén*} **No se preocupe, a mi no me importa lo que Usted haga o lo que quiera."***

Clarisse da la vuelta el torso mirando de frente, trata de ignorarlo una vez mas. Samuel la mira sonriendo mucho más seguro de si mismo.

SAMUEL: {*con voz suave y casi conquistadora*} ***"Es posible que, sin darnos cuenta, los dos estemos tratando de atraernos mutuamente. ¿No le parece?"***

Samuel está sentado en 1A. Clarisse da la vuela la cabeza a mirarlo haciendo un gesto de sorpresa. Súbitamente cambia de asiento, se sienta en 1B, cerca de él, le da un pequeño golpecito en el hombro y burlándose le dice.

CLARISSE: {*en tono de broma*} ***"Usted es un juguetón, bromista, juega con las palabras y le gusta flirtear. ¿No es verdad?"***

SAMUEL: {*en tono juguetón, sonriendo*} ***"Todo lo contrario, me parece que a Usted le gusta flirtear y coquetear. La verdad es que lo hace muy bien. La felicito."*** {*frotándose el hombro como si estuviera adolorido, en tono burlón*} ***"Si Usted quiere, puede golpearme a su antojo, esté segura que no me enojaré."***

Clarisse le golpea el hombro un poco más fuerte.

CLARISSE: {*Riéndose, con muy humor*} **"Creo que es tiempo de terminar con esta conversación absurda. Quizás Usted puede hablar en serio de vez en cuando."**

Samuel, sentado en 1A, se frota en hombro con más ahínco, la mira con ojos tristes como si realmente estuviera muy adolorido, baja la cabeza en un acto de contrición, mostrándole que se siente muy desilusionado. Clarisse mueve la cabeza de arriba a abajo como tomándole el pelo o mostrándole que ella entiende lo que él quiere comunicar.

CLARISSE: {*Haciendo un gesto de ternura con la boca y riéndose*} **"Pobre niño mío. Por favor no ponga esa carita de dolor y de pena.** {*sin darse cuenta empieza a tutearlo*} **Tienes que ser un buen chico y aprender a aguantarte. No era mi intención lastimarte. Ja. Ja. Ja."**

SAMUEL: {*Un poco más serio*} **"Desde la primera vez que la vi, me di cuenta que usted es una coqueta y le gusta flirtear. Me agrada mucho su estilo, es muy sutil. Cuando Usted coquetea, mueve los ojos picarescamente; contonea todo su cuerpo graciosamente. Es contagioso. Me temo que estoy aprendiendo rápido de Usted como hacerlo. Ojala que este sea un buen viaje después de todo."**

CLARISSE: {*Burlándose de él, continua tuteándolo*} *"¡Qué interesante! ¿Es esa una confesión?"*

SAMUEL: {*Burlándose también*} *"Es solamente una simple invitación para que intercambiemos nuestro buen humor. Quizás con su sonrisa y sus golpecitos en mi hombro pueda Usted conquistar mi corazón.*

CLARISSE: {*Un poco más seria*} *"¿Eres un poeta?"*

SAMUEL: {*Un poco sorprendido y con toda sinceridad haciendo gala de sus palabras*} *"Si, soy un poeta, un artista, un bohemio; un gitano a quien le gusta gozar, vivir a todo dar, bailar y reír de alegría; cantar al sol y a la luna olvidándose de todo lo malo que hay en este mundo. La vida es muy corta para tomarla en serio, creo que debemos gozarla minuto a minuto. Si una persona no aprende a reírse de si misma, se sentirá herida y ofendida. Especialmente cuando otros se le ríen, burlándose de ella. Lo harán, no le quepa duda alguna.".*

CLARISSE: {*burlándose de su sabiduría*} *"Hablas como un filósofo, como un profesor tratando de enseñar a su alumna como es la vida.*

Clarisse preguntando burlonamente

CLARISSE: Te gusta demostrar tu sabiduría a tus vecinos, a esas personas, que como yo ahora, estamos atrapadas en nuestros cinturones y no podemos ignorarte."

Clarisse está sentada en 1B, Samuel ve que ella no tiene el cinturón abrochado y la da un golpecito en el hombro tal como ella lo hizo anteriormente.

SAMUEL: *{Riéndose, apuntando al cinturón de ella}* **"PARDIEZ. ¿Atrapadas? Pero si Usted tiene su cinturón desabrochado."**

Clarisse se da cuenta de su pequeño error y trata de corregirlo sin llegar a hacerlo. Hace un gesto de desdén con los hombros y la cabeza.

SAMUEL: *{se sonríe y continua hablando}* **"Lo de profesor . . . ¿Cómo es que Usted lo adivinó? Me gusta un poco mas su nueva actitud, especialmente cuando Usted hace un esfuerzo para demostrar inocencia. Quiere Usted tomarme el pelo, burlarse de mi. ¿No es así?"**

Ambos se ríen contentos. Se dan la mano amigablemente. Clarisse le alcanza su mano coquetamente y él la toma con suavidad.

CLARISSE: *{sinceramente}* **"Me llamo Clarisse. Un placer conocerte."**

SAMUEL: *{amigablemente}* **"Yo me llamo Samuel, el placer es mío señorita."**

Clarisse sigue sentada en 1B, asiento del medio, cerca de él. Samuel está sentado en el asiento 1A al lado de la ventana.

CLARISSE: *{afirmando con la cabeza}* **"¿Amigos?"**

SAMUEL: *{moviendo la cabeza afirmativamente}* **"Si. Buenos amigos. Me alegró mucho que se haya sentado a mi lado."**

CLARISSE: *{sonriendo}* **"Me dijiste que este es más cómodo. ¿Viajas a menudo a Washington DC?"**

SAMUEL: *{más amigablemente}* **"Si viajo bastante. ¿Usted también viaja a menudo?"**

CLARISSE: *{un poco avergonzada y ruborizándose}* **"Este es mi primer viaje a Washington. DC. No se donde me puedo hospedar. Pienso encontrar un hotelito en el centro. ¿Dónde te alojas?"**

SAMUEL: *{afirmando que entiende que ella necesita ayuda}* **"Me gusta sacarle el jugo al dinero, gastar lo menos posible y obtener lo mejor."**

CLARISSE: {*sorprendida*} **"¿Cómo se logra eso?"**

SAMUEL: {*mostrando conocimiento, con seguridad y cierta astucia*} **"Me hospedo en una pensión familiar de muy buena categoría. Cuesta menos que un hotel de cinco estrellas y la atención es mil veces mejor. Además, se conoce personas muy importantes. Alquilaré un auto, con lo que ahorro en hotel. Me sale más barato y mucho mejor."**

CLARISSE: {*admirada*} **¡Qué buena idea!. Yo quisiera hacer lo mismo. ¿Dónde se encuentra esa pensión?"**

SAMUEL: {*un poco preocupado, con algo de duda*} **"No es tan fácil. Es una pensión muy especial. Sólo aceptan a personas muy conocidas y a los amigos de esas personas. No se si yo pueda recomendarla. Ya veremos."**

CLARISSE: {*casi saltando en su asiento de alegría*} **"Ya somos amigos. ¿No es verdad? Así es que puedes recomendarme. ¡Que alegría! Muchas gracias. Estoy feliz de haberme sentado a tu lado. No sabes lo asustada que estaba sin saber donde quedarme. ¿Está cerca del Capitol esa pensión?"**

SAMUEL: {*moviendo negativamente la cabeza*} **"No, está bastante lejos, pero alquilando un auto las distancias no tienen importancia."**

CLARISSE: {*pensativa como hablando a si misma*} **"Si es así, quizás yo también tenga que alquilar un auto. Mañana tengo que estar a la diez en punto en el Capitol."**

SAMUEL: {*burlándose*} **"¿Tiene Usted una cita con el senador de su estado? A mi nunca me han dado una cita porque mi 'estado' es lamentable. Ja. Ja. Ja. "**

CLARISSE: {*un poco molesta, con cierta sorna*} **"Claro que si. Ella me está esperando desesperada porque requiere de mis consejos.**

Clarisse vuelve a cambiar de asiento y se sienta rectamente en 1C. Samuel, sentado en 1A, la mira sorprendido, no entiende que dijo de malo. Mira por la ventana sin prestarle mas atención. Clarisse usando Usted. le dice.

CLARISSE: {*Con tono serio pero amable*} **"Si a Usted no le importuna, me gustaría leer un poco."**

SAMUEL: {*hace una mueca con los un poco serio*} **"No me incomoda, de ninguna manera. Lea a su antojo."**

Clarisse se para dando sus espaldas a Samuel, se agacha, toma su mochila de debajo del asiento 1C, la abre, busca su libro pero no lo encuentra. Tira su mochila debajo 1C y se sienta, lejos de él, en 1C, el asiento del pasillo.

CLARISSE: *{un poco fastidiada, hablando consigo misma}* **"!Que tontera! Me olvidé mi libro. ¿Qué hago ahora?"**

Clarisse está sentada en 1C. Samuel, que está sentado en 1A, da la vuelta la cabeza y la mira

SAMUEL: *{interesado y tratando de ayudarla}* **"¿Andaba Usted de prisa? Casi pierde el vuelo. No me sorprende que se haya olvidado varias otras cosas."**

CLARISSE: *{muy seria}* **"Otra vez se está burlando de mi. Creo que debo olvidarme de Usted."**

SAMUEL: *{burlándose}* **"Me gustaría poder hablar con su señora madre."**

CLARISSE: *{da la vuelta la cabeza y lo mira fijamente sorprendida}* **"¿Por qué dice Usted eso?"**

SAMUEL: *{sonriendo}* **"Para preguntar como es Usted."**

CLARISSE: *{burlándose}* **"No se lo aconsejo, no le conviene. Mi Madre le dirá lo maravillosa que es su hija, ella es muy convincente y lo convencerá."**

SAMUEL: {*sonriéndose y asintiendo con la cabeza*} **"Estoy seguro que Usted se parece mucho a su señora Madre."**

CLARISSE: {*burlándose*} **"Usted no sabe como es ella ni sabe como soy yo."**

SAMUEL: {*apuntándola con el dedo*} **"La primera impresión es generalmente la que vale más."**

CLARISSE: {*burlándose y señalando con el dedo*} **"Si usted supiera cual fue la primera impresión que yo tuve de Usted."**

SAMUEL: {*haciendo una mueca de desafío*} **"Dígamela por favor."**

CLARISSE: {*coqueteando abiertamente*} **"He observado como me miró cuando entré; cuando estaba buscando mi cinturón; cuando me saqué los zapatos; cuando me paré a controlar el aire acondicionado; cuando, sin darme cuenta y por descuido, me senté mostrándole mis rodillas."**

SAMUEL: {*un poco asombrado e incómodo*} **"¿Cómo cree que la miré?**

CLARISSE: {*apuntándolo con el dedo, con voz autoritaria*} **"Por favor no se haga el tonto. Usted sabe bien a lo que me refiero.**

SAMUEL: {*se inclina a propósito sin una pizca de vergüenza, mirando las piernas de Clarisse*} **"Simplemente admiro su belleza. Eso es todo."**

Clarisse hace un esfuerzo para cubrir sus piernas, pero no lo logra. Hace un gesto de desagrado.

CLARISSE: {*un poco avergonzada*} **"!Cómo es que se atreve!"**

SAMUEL: {*burlándose y en tono de broma*} **"Su faldita no es muy larga que digamos. ¿No es verdad?"**

CLARISSE: {*no sabe como sentarse para parecer más recatada, en forma de disculpa*} **"Ya le dije que andaba de prisa. Después del ensayo, fui a casa y leí la Carta del Comité. No tuve tiempo de cambiarme. Salí corriendo a mi auto, manejé como loca al aeropuerto para tomar el primer avión. Si hubiera tenido tiempo, me hubiera puesto mis jeans porque hace mucho frío aquí."**

Samuel, que sigue sentado en 1A, aprieta el botón para llamar a la azafata. Después de unos segundos, la azafata se acerca.

AZAFATA: {*amablemente*} **"¿En qué puedo servirlo señor?"**

SAMUEL: {*sonriendo cortésmente*} **"¿Por favor, puede traernos dos frazadas? Hace bastante frío. Gracias."**

AZAFATA: {*disimuladamente se fija en Clarisse; moviendo la cabeza afirmativamente y sonriendo*} **"Si. Deben tener mucho frío. Se las traigo ahora mismo."**

La azafata se retira caminando lentamente. Los pasajeros los miran. Samuel sigue sentado en 1A y Clarisse en 1C.

CLARISSE: {*sorprendida*} **"¿Por qué le pidió dos frazadas? ¿Es qué Usted también tiene frío?**

SAMUEL: {*medio en broma y medio en serio, mirando las piernas de Clarisse*} **"Usted las necesita. Yo estoy bien abrigado."**

CLARISSE: {*haciendo un gesto de desaprobación*} **"¿Cree que necesito dos?"**

SAMUEL: {*burlándose, apuntando con el dedo*} **"Claro que si; una para cubrir sus hombros y la otra para ocultar su belleza."**

Clarisse, gira su cuerpo hacia él. sin decir palabra, lo mira de frente, confrontándolo, pero no puede disimular que esta avergonzada.

SAMUEL: {*sorprendido le devuelve la mirada*} **"Por lo menos podía decirme gracias por pedir las frazadas."**

CLARISSE: {*Burlándose y con sorna*} **"!Aya-yay!. Pero que chistoso se cree Usted. Le daré las gracias cuando traigan las frazadas."**

SAMUEL: {*moviendo la cabeza de un lado para el otro, un poco perplejo*} **"Usted parece ser una apersona que quiere, antes que nada, asegurarse de todo."**

CLARISSE: {*con seriedad y afirmativamente*} **"En eso si que Usted tiene razón. Mi madre me dijo muchas veces que es mejor anticiparse, que tratar de arreglarlo después".**

La azafata se acerca trayendo las dos frazadas y se las entrega a Samuel.

AZAFATA: {*mirando a Samuel*} **"Señor acá están las dos frazadas que me pidió."** {*mira a Clarisse sonriendo*} **"Si necesitan más frazadas, por favor me llama. Queremos que nuestros pasajeros estén lo más cómodos que sea posible."**

Clarisse, sentada en 1C, trata de tapar sus piernas, pero no lo consigue. Samuel la observa, de reojo, la reacción de Clarisse; agradoco a la azafata muy amablemente.

SAMUEL: {*amablemente*} **"Muchas gracias señorita, es Usted muy amable."**

AZAFATA: {*alejándose lentamente*} **"Para servirlos, señor."**

Samuel sigue sentado en 1A. Clarisse cambia de asiento y se sienta en el asiento 1B, del medio cerca de él. Samuel le alcanza una de las frazadas. Ella, apresuradamente se cubre las piernas. Samuel la mira sonriendo. Luego toma la otra frazada y, cuidadosamente, cubre los hombros de Clarisse.

CLARISSE: *{más cómoda}* **"Muchas gracias. Ahora me siento mucho mejor. ¡Qué lástima que no las pedimos antes!"**

SAMUEL: *{tranquilo, sonriendo como alguien que se ha ganado un premio}* **"Me alegro que se sienta mejor. Si Usted quiere puedo pedir que nos traigan un refresco; algo de comer; o una revista especial si Usted todavía quiere leer."**

CLARISSE: *{bostezando sin disimularlo}* **"No. Muchas gracias. Estoy muy cansada y quiero dormir, si a Usted no le molesta.**

SAMUEL: *{sonriendo}* **"Claro que no me molesta. Le deseo lindos sueños."**

Clarisse, sin contestarle, sube la baranda que separa 1A de 1B y después de un corto momento se queda profundamente dormida. Samuel, sentado en 1A, la mira sonriendo y luego mira por la ventana, pensando distraído. Unos minutos después siente un peso sobre su hombro derecho. Sorprendido, da vuelta la cabeza y ve que Clarisse duerme profundamente, muy cómodamente, apoyando su cabeza en su hombro. Samuel no puede moverse sin despertarla.

Se apagan las luces, se cierra el telón.

Fin de la primera escena

Segunda Escena

Escenario

Al prenderse las luces, el público ve a Samuel sentado en el asiento en 1A, cerca de la ventana. Clarisse sigue durmiendo, sentada en B1, asiento del medio, apoyando su cabeza en el hombro de Samuel. Cada vez que él trata de moverse un poco, Clarisse, sin despertarse, da un pequeño gruñido, se acomoda mejor y sigue durmiendo. Al moverse Clarisse, la frazada que le cubre las piernas se resbala y cae al suelo.

Samuel mira la frazada, lentamente trata de alzarla, pero no lo logra porque no quiere despertar a Clarisse. En eso la azafata pasa cerca de ellos, mira a Samuel quien le hace un gesto con la cabeza como diciendo 'paciencia'. La azafata mira a Clarisse que sigue durmiendo, muy cómoda, apoyada en el hombre de Samuel. Se sonríe, se agacha, toma la frazada, cuidadosamente cubre las piernas de Clarisse y se retira riéndose disimuladamente.

Momentos más tarde, se oye la voz del piloto dando información acerca del vuelo. Clarisse se despierta un poco aletargada, pero sin levantar su cabeza del hombro de Samuel. Samuel la mira sonriendo.

SAMUEL: {*en tono de amigable*} ***"Siento mucho que el piloto la haya despertado sin razón alguna.*** {*con voz suave, tiernamente*} ***Espero que haya tenido lindos sueños y que haya descansado muy cómodamente. Si quiere puede seguir durmiendo."***

CLARISSE: {*con voz de medio dormida, sin levantar la cabeza del hombro de Samuel*} ***"Me dormí como un tronco y no me acuerdo que soñé. Estaba muy cansada"***

SAMUEL: {*bromeando*} ***"Me alegro que mi hombro le haya servido de buena almohada."***

Clarisse, sorprendida de haber dormido apoyando su cabeza en el hombro de Samuel, se incorpora avergonzada, sacudiéndose un poco. La frazada que le cubre las rodillas cae al suelo. Clarisse mira la frazada un poco azorada.

Samuel trata de alzar la frazada, pero no puede alcanzarla porque está con el cinturón abrochado.

Clarisse lo mira y se sonríe, indicándole con un ademan que lo desabroche. Samuel se desabrocha el cinturón, se agacha, toma la frazada, cubre las rodillas de Clarisse, se sienta en 1A y se abrocha el cinturón. Clarisse, sentada en 1D, lo mira sonriendo agradecida.

SAMUEL: {*bromeando*} ***"Fue linda su siesta?"***

CLARISSE: {*totalmente despierta, estirándose libremente*} **"Anoche dormí solamente tres horas. Hoy fue un día muy fuerte para mi. Primero mi entrevista con el decano; la conferencia con mi profesora; la carta del comité; finalmente, la carrera al aéreo puerto, casi pierdo el avión."** {*con voz casi de súplica*} **"!Oh! Lo siento muchísimo. No era mi intención dormirme apoyada en su hombro. Usted me comprende. ¿No es verdad?"**

SAMUEL: {*seriamente*} **"Si. Claro que la comprendo."** {*casi cariñosamente*} **"No tiene porque estar incómoda, ni decirme que 'lo siente'. Para que esté más tranquila quiero decirle que, al apoyar su cabeza en mi hombro, Usted me hizo sentir muy feliz y muy triste al mismo tiempo."**

Clarisse, sentada en 1B, lo mira inquisitivamente.

CLARISSE: {*moviendo la cabeza, con tono más serio*} **"Ahí va el poeta, otra vez haciéndose la burla de mi. Ya le dije que mi madre . . ."**

Samuel la interrumpe diciendo.

SAMUEL: {*riéndose a carcajadas*} **"Ja. Ja. Ja. No es lo que Usted pueda pensar, ni mucho menos. Desde luego, no tiene nada que ver con la sabiduría de su señora Madre."**

Clarisse repite lo que él dijo anteriormente, imitándolo graciosamente.

CLARISSE: *{en tono sarcástico}* **" '. . . me hizo sentir muy feliz y muy triste al mismo tiempo."**

Samuel la observa entusiasmado

CLARISSE: *{en tono mas serio, casi drástico}* **" No lo entiendo. No tiene sentido lo que dice. Una persona está alegre o está triste. Usted tiene algo guardado, oculto en su mente. Me pongo a pensar: ¡Qué será! ¿Me puede explicar lo que está pensando?"**

SAMUEL: *{con toda seriedad y con cierta autoridad}* **"Me gustaría hacerlo, pero me temo que la historia es demasiado larga. No se si le interesará y es muy probable que Usted se aburra."**

CLARISSE: *{mostrando verdadero interés y sin poder controlar su curiosidad}* **"No se preocupe por eso. He dormido una linda siesta y me siento muy alerta. Además tenemos mucho tiempo y nada que hacer. Me olvidé mi libro y mis notas. Me aburriré sin hacer algo interesante. Cuénteme su historia. Le prometo que si me aburro se lo digo francamente. No tiene nada que perder. Soy todo oídos."**

Antonio de Pórcel Flores Jaimes Freyre

SAMUEL: {*entusiasmado*} **"Tiene Usted razón, está en lo cierto . . .**

Clarisse, viendo su entusiasmo está más curiosa y lo interrumpe diciendo.

CLARISSE: {*con cierta vehemencia*} **"La mayoría de la veces estoy en lo cierto. ¿Puede Usted creerlo?"**

Samuel sigue sentado en 1A con el cinturón abrochado. Clarisse está sentada en 1B con el cinturón desabrochado.

SAMUEL: {*tomándole el pelo en tono de burla*} **"¿Qué otra alternativa tengo?"**

CLARISSE: {*afirmando con la cabeza*} **"No. No tiene otra alternativa. No perdamos más tiempo. Cuénteme su historia. Quiero saber que lo hace sentir feliz y triste al mismo tiempo.** {*hablando para si misma*} **¡No lo puedo creer!"**

SAMUEL: {*realmente entusiasmado, frotándose las manos*} **"Esta bien. Se la contaré. Pero si Usted se aburre o si está cansada mi avisa. ¿Qué le parece?"**

CLARISSE: {*dándole confianza y animándolo*} **"Usted no se preocupe por eso. Si la historia no es interesante, me vuelvo a dormir en su hombro y se acabó."**

SAMUEL: {*bromeando y señalando a su hombro*} **"Su almohada la estará esperando."**

CLARISSE: {*riéndose amigablemente*} **"Ja. Ja. Ja. ¿Dígame por favor, si realmente no le molestó que me duerma apoyada en su hombro y Usted sin poder moverse."**

SAMUEL: {*con sinceridad*} **"Sentir su cabeza en mi hombro; el arrullo de su resuello; su respiración tranquila; poder ver sus ojos cerrados soñado; despertó en mi memoria recuerdos muy queridos, unos muy felices y otros muy tristes."**

CLARISSE: {*muerta de curiosidad hablando para si misma*} **"Ahora si que estoy curiosa."**

Las barandas de los asientos 1A y 1B están levantadas. Samuel está sentado en 1A, sigue con el cinturón abrochado. En un impulso, Clarisse se para, dando sus espaldas a Samuel, las frazadas caen al suelo, Clarisse las levanta, estira una de ellas sobre los dos asientos 1B y 1C, se sienta sobre sus rodillas en posición de yoga, cerca a Samuel, frente a la ventana, mirándolo directamente, se tapa las piernas con la otra frazada y, cruzada de brazos, espera que Samuel empiece a contar su historia.

CLARISSE: {*con verdadero interés*} **"Ya estoy lista para oír su historia de alegría y tristeza. ¿Que clase de recuerdos le traje? De una buena vez, cuéntemela."**

Samuel, sentado en 1A, se desabrocha el cinturón, se sienta de lado mirando a Clarisse tiernamente y sonriendo empieza a contarle la historia.

SAMUEL: *{con voz de narrador entusiasmado}* *"Recuerdos de días llenos de amor y de aventura. De aquellos tiempos de mi juventud, cuando era estudiante en Sevilla. Al sentir su cabeza en mi hombro, oír su respiración rítmica y pacífica, me acordé de Nezba. La mujer de mis sueños, a quien he amado y amaré siempre. Recuerdos de días felices y tristes, llenos de amor y de ventura; con un amor que no había sentido jamás y que no creo pueda volver a sentirlo."*

Clarisse lo mira como si hubiera quedado hipnotizada, descruza sus brazos, se arregla el cabello y se inclina un poco hacia él. Muy impresionada, levanta los brazos al cielo y casi inconscientemente, repite sus palabras hablando para sí misma.

CLARISSE: *{suspira profundamente}* *"Recuerdos de días felices y tristes, llenos de amor y de ventura; con un amor que no había sentido jamás y que no creo pueda volver a sentirlo."*

Clarisse lo mira fijamente con una curiosidad irresistible y, queriendo saber más, lo llena de preguntas.

CLARISSE: *{hablando rápido}* *¿Nezba es su nombre? ¡Qué nombre tan lindo!. No lo había oído antes. No es nombre castellano ¿Verdad? ¿Qué quiere decir? ¿De dónde es ella? Dijo que cuando Usted era joven. Usted no es viejo."*

CLARISSE: {*Sigue preguntando*} " *¿Cuándo fue eso? ¿Por qué dice que son recuerdos felices y tristes? ¿Por qué cree que no volverá a sentir un amor como aquel? ¿Qué pasó?*"

SAMUEL: {*con voz suave, trata de contestar sus preguntas*} *"!Cuántas preguntas! Nezba es un nombre mediterráneo que quiere decir: 'Gotas De Roció'. Era Colombiana, de Cartagena. La conocí hace muchos años, en la universidad, éramos estudiantes. Pasaron muchas cosas, como le dije, unas felices y otras muy tristes."*

CLARISSE: {*demostrando sincero interés, ávida por oír la historia completa*} *"Me gustaría saber más. Usted no está contestando a todas mis preguntas. ¿Cómo es Nezba?"*

SAMUEL: {*con vehemencia*} *"Nezba era una joven hermosa, muy graciosa e inteligente, con muy buen sentido del humor, muy hábil en todo lo que hacía, sobretodo muy sencilla y honrada. Ayudaba a toda persona que podía. Bastante parecida a usted, es por eso que Usted me trujo recuerdos de ella."*

CLARISSE: {*sonriendo, le toca suavemente el brazo*} *"Muchas gracias por el cumplido que me hace sentir especial."*

55

SAMUEL: *{pone su mano sobre la de ella, tuteándola}* **"No tienes que agradecer. "**

CLARISSE: *{apuntando con el dedo, guiñándole un ojo}* **"Eso ya veremos.** *{en tono de burla, coqueteando}* **Me gusta que me tutees, me hace sentir más cómoda, es como si hubieras levantado una barrera invisible. Gracias."** *{encogiendo los dos hombros}* **Perdóname un momento, vuelvo en seguida. Me seguirás contando toda la historia, no creas te librarás, prepárate."**

Sin esperar respuesta, Clarisse se pone de pie, las frazadas caen al suelo. Clarisse no les hace caso, se estira un poco, camina hacia el pasillo y se pierde de vista. Samuel sentado en 1A con el cinturón desabrochado, se para, se estira, recoge las frazadas y las pone sobre el asiento 1B, del medio, luego se vuelve a sentar en el asiento 1A, cerca a la ventana y se abrocha el cinturón. La azafata, que lo está mirando se le acerca sonriendo.

LA AZAFATA: *{muy cortésmente y denotando cierto interés especial}* **"Perdóneme señor. Creo que ustedes no se han dado cuenta que he pasado varias veces con refrescos, café y un pequeño refrigerio. El vuelo es largo y no ofrecemos almuerzo ni cena. No he querido interrumpirlos. Si Usted lo desea, le puedo traer algo de comer y/o de tomar."**

SAMUEL: *{haciendo una pequeña venia de cortesía}* **"Muchas gracias señorita, es Usted muy amable. Disculpe que no le hayamos hecho caso.**

La azafata, lo escucha con una sonrisa picaresca. Samuel continua hablando.

SAMUEL: *{avergonzado, ruborizándose}* **"Parece que estábamos muy concentrados.** *{señalando hacia el pasillo, con voz amable pero segura}* **En cuanto ella vuelva, le preguntaré si desea algo. Por mi parte, estoy bien y deseo nada por el momento. Gracias."**

LA AZAFATA: *{sonriendo, demostrando que entiende lo que está pasando entre ellos}* **"Como Usted lo ordene señor, estoy para servirlos, si necesitan algo, solamente tiene que llamarme."**

SAMUEL: *{con sincera autoridad}* **"Lo tomaré muy en cuenta. Una vez más, muchas gracias, es Usted una persona muy servicial. La felicito."**

LA AZAFATA: *{guiñándole el ojo}* **"Gracias por su amabilidad. Sus palabras hacen mi trabajo mas agradable."**

Pausa corta

La azafata se retira lentamente caminando hacia el pasillo y se cruza con Clarisse que está volviendo. Ambas se quedan paradas por un momento corto. Se miran como si se conocieran, moviendo sus cabezas, dando a entender que saben lo que está pasando. Sin poder contenerse se ríen en voz baja. La azafata, con un movimiento de cabeza, indica a Clarisse que él la está esperando.

Clarisse se acerca sonriendo, lo mira coqueteando por unos segundos. Samuel está un poco distraído y no se da cuenta. Clarisse se sienta en 1B, a su lado, muy cerca de él, tapándose con las frazadas. Apuntando con la cabeza al pasillo, le pregunta.

CLARISSE: {*con curiosidad*} **"¿Llamaste a la azafata? ¿Necesitas algo?"**

SAMUEL: {*un poco sorprendido*} **"No, no la llamé. Ella tuvo la amabilidad de acercarse a preguntarme si queremos que nos traiga algo de tomar o de comer. Dijo que pasó varias veces con refrescos, café y un refrigerio, pero que no quiso ofrecerlos para no interrumpirnos. Yo le dije que estoy bien y que necesito nada por el momento. Podemos pedir lo que tu quieras: café, un refresco o una copa de vino."**

CLARISSE: {*moviendo la cabeza negativamente*} **"Nada por ahora, quizás más tarde un poco de agua. Me gusta el café, pero trato de no tomarlo muy a menudo, anoche me tomé tres tazas, no debía haberlo hecho. No tomo licor alguno. Gracias de todas maneras."**

SAMUEL: {*asintiendo con la cabeza*} **"Yo tampoco tomo licor, tengo la suerte que no me gusta. El café si me gusta, antes de subir al avión me tomé dos tazas y una más en el vuelo de San Francisco. a Phoenix."**

Siguiendo un impuso que no puede controlar, Clarisse recuesta en los dos asientos 1B y 1C., apoyando su cabeza en las rodillas de Samuel, arrullándose y se tapa las piernas con las dos frazadas. Samuel, un poco sorprendido, la mira enternecido y le acaricia suavemente los cabellos.

CLARISSE: {*tuteándolo con bastante ternura*} **¿Me sigues contando la historia?"**

SAMUEL: {*muy complacido*} **"Te la contaré, aunque no me será muy fácil hacerlo."**

CLARISSE: {*lo mira a los ojos, con curiosidad*} **"¿Por que no te será fácil? ¿Por qué te recodé a Nezba?"**

SAMUEL: {*suspirado*} **"Te pareces mucho a Nezba. Nezba no podía dormir en el tren sin apoyar su cabeza en mi hombro. Esos eran días muy felices."**

CLARISSE: **"¿Cuando estabas en Sevilla?"**

SAMUEL: {*moviendo su cabeza afirmativamente*} **"Si, los dos estudiábamos en la misma universidad. Fue un verano, estábamos volviendo a Sevilla."**

Clarisse ignorando su respuesta, súbitamente, se sienta en 1B. Las frazadas caen al suelo. Samuel las mira sin intención de levantarlas. Clarisse se para, de espaldas a Samuel, se estira un poco, levanta las frazadas y las tira en el asiento 1C, se sienta en 1B, de costado, da la vuelta la cabeza, levanta los brazos al cielo y lo mira fijamente. Samuel le devuelve la mirada.

CLARISSE: {*entusiasmada*} **"!Cómo me gustaría estar en Sevilla, conocer España, toda Europa. Viajar feliz y tener lindas aventuras, como fueron las tuyas con tu amada Nezba!"**

SAMUEL: {*sonriéndole*} **"De seguro que un buen día podrás hacerlo.**

CLARISSE: {*suspirando esperanzada*} **"!Dios quiera que tu predicción se cumpla algún día! "**

Clarisse toma las frazadas y vuelve a recostarse en los dos asientos 1B y 1C, como estaba antes, apoyando su cabeza en las rodillas de Samuel, cubre sus piernas con las frazadas, muy cómoda, Samuel acaricia sus cabellos.

CLARISSE: {*con sincera ternura*} **"Cuéntame más de Nezba y de tus días en Sevilla. ¿Quieres?"**

Samuel deja de acariciarle los cabellos y estira los brazos hacia el cielo suspirando notoriamente, cruza los brazos pensativo, como volviendo a ver su pasado Se nota que, poco a poco, se va poniendo triste.

SAMUEL: *"La conocí el primer día de clases en la universidad. Un encuentro natural, sin mayores consecuencias."*

CLARISSE: {con voz intensa} *"¿Qué edad tenías entonces?"*

SAMUEL: {se queda en silencio unos segundos como volviendo a la realidad y la mira tiernamente} *"Eso fue hace muchos años, los dos teníamos veintiún años."*

Clarisse saca sus piernas de debajo de las frazadas, se sienta en 1B, girando su cabeza lo mira con interés observando atentamente sus movimientos y gestos. Samuel le devuelve la mirada sonriendo.

CLARISSE: {bastante excitada} *"¡Mi edad! Lo mismo que yo. Cumpliré veintidós el 15 de Septiembre."*

SAMUEL: {sorprendido} *"Difícil de creerlo, aparentas ser mucho más joven."*

CLARISSE: {moviendo la cabeza afirmativamente} *"Muchas gracias. No dejes que te interrumpa, estoy ansiosa, quiero seguir oyendo tu historia, que cada momento me parece más interesante."*

SAMUEL: {asintiendo otra vez} *"Puedes interrumpirme cuando. Así la historia se hace mas personal, como una simple conversación."*

CLARISSE: *{un poco impaciente}* ***"Esta bien. Así lo haré cuando sea necesario. Deja que me acomode cómodamente y me la sigues contando."***

Clarisse vuelve a recostarse como estaba antes de sentarse, en los dos asientos 1B y 1C se tapa las piernas con las dos frazadas, muy cómoda, mas cerca de él, apoyando su cabeza en las rodillas de Samuel. Samuel la mira enternecido.

SAMUEL: *{se queda en silencio unos segundos, pensativo, recordando su pasado. Continua la historia, con voz de narrador profesional}* ***"Pocas semanas después de que conocernos, ambos nos dimos cuenta que estábamos enamorados. Pero ninguno de los dos tuvimos la osadía de confesarlo. De manera que pasamos todo el primer año, muy cerca el uno del otro, como dos buenos amigos."***

CLARISSE: *{demostrando gran curiosidad}* ***"¿Qué pasó después? ¿La dijiste que estabas enamorado de ella? ¿Ella te lo dijo? Me muero de curiosidad."***

SAMUEL: *{emocionado, como hablando consigo mismo}* ***"No creo que pueda seguir contando esta historia. Se me está haciendo difícil."***

Clarisse se sienta de súbito en el asiento 1B, las frazadas caen al suelo, pero ella no les presta atención, con cierta impavidez, lo enfrenta.

CLARISSE: *{afirmando con autoridad}* **"Claro que puedes. Sabes bien que me gusta oírla. Tendrás que hacer un esfuerzo. A mi no dejas con está curiosidad que me está carcomiendo. Anda, anímate."**

Samuel se sienta más recto, serio, muy sorprendido con esa reacción, sacude su cabeza de un lado a otro,

SAMUEL: *{pensativo, con voz un poco entrecortada }* **"Trataré de acortarla. ¿Qué te parece?"**

CLARISSE: *{autoritariamente}* **"Ni lo intentes. Tienes que contarme toda la historia, de principio a fin, no me importa cuan larga sea. No te permito que me dejes luchando con la incógnita. Te advierto que yo, curiosa como estoy, no me quedo. Ya te lo dije."**

Samuel trata de relajase, se acomoda en su asiento, moviendo la cabeza de arriba hacia abajo, resignado.

SAMUEL: *{la mira profundamente clavándole la mirada}* **"Esta bien, esta bien, te la contaré tal como ha sucedido, te lo prometo."**

CLARISSE: *{sonriendo y coqueteando}* **"Si quieres, puedo apoyar mi cabeza en tu hombro, como lo hacía Nezba."**

Samuel sonriendo un poco más relajado, obligándola a recostarse como estaba, la mira tiernamente; asintiendo con la cabeza.

SAMUEL: *"Tu cabeza apoyada en mi hombro me servirá de inspiración. Pero prefiero que te vuelvas a recostar con tu cabeza en mis rodillas. Sabes, a Nezba también le gustaba mucho hacerlo, sobre todo después de un viaje largo. "*

CLARISSE: *{sonriendo alegremente}* *"¡Qué lindo! Me encanta lo que me acabas de contar de Nezba. Ella se recostaba con su cabeza en tus rodilla. No lo puedo creer. ¿Será una coincidencia? No importa lo que sea, me gusta mucho la idea. En seguida me recuesto como tu quieres que lo haga."*

Clarisse se recuesta como estaba, con su cabeza en las rodillas de Samuel, pero se olvida de las frazadas que siguen tiradas en el suelo. Samuel le indica con una seña mostrándole las frazadas. Clarisse mueve los hombros indicando que a ella no le importan las frazadas. A eso, pasa la azafata, se detiene un segundo mirándolos. Samuel le hace una seña apuntando a las frazadas. La azafata las levanta del suelo y tapa con ellas a Clarisse. Clarisse sonríe agradecida.

SAMUEL: *{sonriendo amablemente a la azafata}* *"Muchas gracias señorita."*

AZAFATA: *(Asintiendo con la cabeza y con una sonrisa burlona)* **No hay de que Señor. Ya sabe que estoy para lograr que su viaje sea placentero."**

Clarisse suelta la carcajada, Samuel se ríe con ella.

SAMUEL: {*tiernamente*} **"Ahora que estamos más cómodos, te la sigo contando."**

CLARISSE: {*señalando con el dedo*} **"Una cosa más, te ruego te olvides que eres un poeta y no trates de embellecer la historia, quiero saber exactamente lo que ha pasado. Creo que esa tu Nezba es un ejemplo a seguir."**

SAMUEL: {*sonriendo*} **"No te preocupes te la contaré tal y como ha pasado. Pero se que te pondrás alegre y triste cuando la oigas."**

CLARISSE: {*haciendo un ademan con la mano*} **"Ya veremos."**

Samuel, bastante más relajado continua con su historia. Clarisse lo oye muy atentamente haciendo muecas de aprobación.

SAMUEL: {*muy animado*} **"Todo sucedió al fin del primer año que nos conocimos. Faltaban pocos días para las vacaciones de verano. Solíamos ir a una cafetería, donde repasábamos las materias para dar los últimos exámenes. De repente, como cayendo del cielo, Nezba me dijo que el estudiante chileno que le 'echaba el ojo'; era muy rico y que la invitó a pasar el verano en Italia.**

Clarisse lo mira muy sorprendida, Samuel sigue contando la historia.

SAMUEL: "El Chileno le dijo que él correría con todos los gastos. Luego, mirándome fijamente a los ojos y sin titubeos, me pregunto qué es lo que pensaba yo hacer al respecto."

Clarisse se sienta un poco bruscamente, en 1B, las frazadas se resbalan, pero ella no las deja caer al suelo, se tapa con ellas las rodillas. Gira la cabeza y lo mira atrevidamente a los ojos, mueve la cabeza de un lado para el otro.

CLARISSE: {*muy sorprendida*} **"¡¿Cómo dices!? Nezba te enfrentó sin más ni más. Si yo hubiera estado ahí, la hubiera felicitado sin pensarlo un segundo.
Nezba es la clase de mujer que me fascina."** {*con verdadero interés*}

"¿Qué le contestaste?"

Samuel le devuelve la mirada sonriendo y trata de acomodarse un poco más cómodamente.

SAMUEL: {*perplejo, rascándose la cabeza*} **"!¿Qué le podía contestar?! Al principio me quedé calladito, estupefacto. Me tomó por sorpresa. Luego de unos segundos reaccioné."** {*en tono de narrador*} **"Simplemente le dije que mi pequeña beca, apenas me alcanzaba para cubrir mis gastos básicos; y lo peor era que la beca no cubría los veranos, cuando la universidad estaba cerrada."**

Samuel continua con la historia

SAMUEL: "Nezba me preguntó como me las arreglaría sin beca en verano. Le dije que conseguí un trabajo de verano en Burdeos."

CLARISSE: {*con curiosidad*} **"Entonces, viajaste a Francia este verano?"**

SAMUEL: {*afirmando con la cabeza*} **Si pasé todo el varano allá."**

Clarisse, que no está muy cómoda conversando sentada, porque no puede mirarlo de frente, deja caer las frazadas al suelo, se inca en 1B, con la espalda hacia el pasillo, impávida, con las manos en sus caderas, lo mira pensativa, curiosa por saber la reacción de Nezba, le pregunta.

CLARISSE: {*con autoridad*} **"¿Cómo le cayó tu respuesta? ¿Se fue de veraneo con el chileno?"**

SAMUEL: {*con una sonrisa, recordando alegre sus buenos tiempos*} **"No, Nezba viajó conmigo a trabajar en Burdeos. Pasamos los tres meses, trabajando casi diez horas al día, bajo el solazo de verano; un pañuelo amarrado a la cabeza; agachados recogiendo uvas. Durante la primera semana, teníamos las manos casi destrozadas, con ampollas y pequeñas heridas. En poco tiempo nos acostumbramos y para el final del verano, estábamos muy bien.**

Samuel continua con la historia

SAMUEL: {*Haciendo un ademan*} **"Nuestros cuerpo bronceados, comimos muchas uvas y ganamos buen dinero. Fue uno de los mejores veranos que he pasado en mi vida."**

CLARISSE: {*muy entusiasmada, levanta los dos brazos al cielo, sonriendo*} **"Me alegro mucho que Nezba haya ido contigo. Se nota en tu tono alegre que estabas muy enamorado de ella y ella también de ti. Si fue contigo, a trabajar tan duro, sin importarle el chileno con plata, es porque ella te amaba. ¿No es vedad?"**

SAMUEL: {*Asintiendo con la cabeza*} **"Si los dos estábamos muy enamorados, pero en silencio."**

CLARISSE: {*sorprendida*} **¡¿Cómo es eso de estar muy enamorados en silencio? No te entiendo."**

SAMUEL: {*con voz segura*} **"Creo que te dije que pasamos todo ese año sin confesar nuestro amor, como buenos amigos. Yo sabía que ella me quería, ella sabía que yo la amaba, pero no hablamos de ello. Por eso te digo que era un amor en silencio."**

CLARISSE: *{queriendo saber más}* **Estoy segura que ustedes confesaron su amor el uno a la otra. Por favor espérate un momento a que me acomode."**

Clarisse, sin darle tiempo a que conteste, se vuelve a recostar en 1B y 1C apoyando su cabeza en las rodillas de Samuel, tal como estaba antes. Samuel vuelve a acariciar la los cabellos.

CLARISSE: *{más cómoda y contenta}* **¿Qué pasó después de ese verano mágico?"**

SAMUEL: *{sigue contando con voz de narrador}* **"Al final del verano, volvimos a Sevilla en tren. Durante casi todo el viaje Nezba, muy cariñosa, se dormía apoyando su cabeza en mi hombro. Me gustaba mucho sentirla cerca de mi, oír su respiración suave y acariciar sus lindos cabellos negros."**

CLARISSE: *{levantando un poco su cabeza}* **"¿Quieres decir que el peso de mi cabeza en tu hombro te trajo recuerdos de ella?"**

SAMUEL: *{sonriendo muy contento}* **"Si. Al sentir tu cabeza en mi hombro, inmediatamente pensé en ella y mis recuerdos de ese verano me asaltaron. Nezba no podía dormir sin apoyar su cabeza en mi hombro."**

CLARISSE: {*con curiosidad*} **"¿Cuánto tiempo dormía, no te cansabas?"**

SAMUEL: {*muy contento*} **"Claro que No. ¡Cómo me iba a cansar! Teniendo a mi ángel tan cerca mío."**

Clarisse se sienta, pone las frazadas en 1C, luego se vuelve a hincar en 1B, frente a Samuel, su espalda hacia el pasillo y lo mira intensamente.

CLARISSE: {*inquisitivamente*} **"Dijiste que estuvieron juntos cuatro años y lo que me acabas de contar fue el verano del primer año. ¿Qué pasó en los otros tres años? ¿Dónde está Nezba ahora? ¿Qué sabes de ella?"**

Samuel se para, estira un poco su cuerpo, respira profundamente. Clarisse lo mira un poco sorprendida, sin adivinar lo que le está pasando a Samuel, intuitivamente, ella también se para frente a él. Se miran en silencio por un corto momento. Luego se sonríen, Samuel le toma las manos y la hace girar suavemente invitándola a sentarse en 1B. Clarisse se sienta.
Samuel le tapa las rodillas con las frazadas y se sienta al lado de ella, en 1C, cerca del pasillo. Clarisse, cómodamente, apoya su cabeza en el hombro de Samuel.

SAMUEL: "Los dos veranos siguientes lo hicimos mucho mejor. Fuimos a trabajar de mozos a un lindo hotel de Estocolmo. En Suecia pagaban mucho mejor y el trabajo era más corto y liviano.

Samuel continua contando la historia.

SAMUEL: "De manera que ahorramos bastante dinero planeando pasar una verdadera vacación en nuestro ultimo verano en Europa."

CLARISSE: {*más relajada, tiernamente*} **"De manera que pasaron esos dos veranos trabajando en Suecia. Me alegro que les haya ido tan bien. ¿Seguían amándose en silencio?"**

SAMUEL: {*sorprendido*} **"Claro que no. En el viaje de vuelta a Sevilla se acabo el silencio. Al sentir su cabeza en mi hombro, no me pude contener. De pronto la dije que la quería y estaba enamorado de ella. Nezba, riéndose, me contestó que ya lo sabía desde el primer día que nos conocimos. Después de esa linda confesión los dos nos quedamos temblando, mirándonos a los ojos. Fue la primera vez que nos besamos. Desde ese viaje, todos los días nos besamos muchas veces, ella me decía que me amaba, le contestaba que yo la amaba mucho más. Era nuestro maravilloso secreto."**

CLARISSE: {*Clarisse admirada sin disimularlo*} **"¡Qué lindo es lo que me cuentas! Quisiera estar enamorada así. ¿Qué pasó en el último verano?"**

SAMUEL: {*contento recordando los buenos tiempos, se frota las manos*} **"Nuestro último verano fue el mejor de todos. No necesitábamos trabajar porque ahorramos bastante dinero. Viajamos en tren a Ámsterdam. Ahí compramos un furgoneta Volkswagen blanca, usada, pero en buen estado, de esas que tienen un techo que se levanta y una cama muy cómoda. Acampamos por todo Europa; sintiendo, viviendo en cada momento, lo maravillosos que puede ser el amor. Engriéndonos; satisfaciendo fácilmente todas nuestras necesidades. Divirtiéndonos a más no poder. Mayo, Junio y Julio, tres meses de gloria, de éxtasis sin preocupaciones ni obligaciones que nos separaran. Fue un verano de cuento de hadas, que nunca olvidaré."**

CLARISSE: {*se reclina hacia él y le toma una mano tiernamente, se nota que ella está emocionada*} **"¡Ya me lo imagino,! Viajando los dos tortolitos enamorados sin preocuparse del mundo y gozando de un amor intenso y verdadero. Me da un poco de envidia, pues yo ya quisiera tener la buena suerte de Nezba y poder contar a mis hijos, lo bello que es estar enamorada y que tu amor te ame."**

Samuel deja que ella le acaricie la mano sonriendo

SAMUEL: {*Un poco más entusiasmado*} **"Tienes razón, da un poco de envidia, de la buena. Pero tienes que acordarte que trabajamos duro y fuerte, durante tres años, para conseguirlo."**

Clarisse le suelta la mano suavemente y se para frente a él, las frazadas resbalan al suelo. Mirándolo a los ojos, moviendo la cabeza afirmativamente con cierto énfasis y apuntando con el dedo lo enfrenta. Samuel la mira sonriendo, acostumbrado a esas reacciones instantáneas de Clarisse.

CLARISSE: {*con autoridad*} **"Yo trabajaría el doble si fuera necesario."**

SAMUEL: {*asintiendo con la cabeza y con convicción*} **"Ya lo se, no me cave la menor duda, lo llevas en la sangre. Tienes una energía fantástica y una franqueza admirables."**

CLARISSE: {*un poco avergonzada*} **"Me haces sonrojar. Desde chica he sido así y no voy a cambiar."**

SAMUEL: {*con voz tierna, sonriendo*} **"No tienes porque avergonzarte. Es una cualidad que pocas personas poseen y que me gusta mucho."**

CLARISSE: {*con la cabeza altiva*} **"Gracias."**

Samuel toma de la mano a Clarisse y la invita a sentarse en 1B. Ella se sienta y apoya su cabeza en el hombro de Samuel.

CLARISSE: {*cómodamente*} **"¿Qué pasó al final de ese verano maravilloso?"**

SAMUEL: {*con voz mucho más seria, como hablan a si mismo*} **"Ya sea alegre o triste, todo tiene su fin."**

CLARISSE: {*levanta la cabeza y lo mira con empatía*} **"Lamentablemente eso es verdad. ¿Cuál fue su fin?"**

Samuel de queda en silencio por unos segundos pensando. De pronto cambia de expresión, poco a poco, se va poniendo triste. Clarisse se da cuenta del cambio en su expresión y queda un poco preocupada.

SAMUEL: {*sin entusiasmo, con voz un poco penosa*} **"Al final de ese maravilloso verano, en Paris, Nezba encontró a una pareja de jóvenes americanos, que sin dinero llegaron a Europa. La joven, de unos catorce años, esperando un bebé, él de unos diez y ocho años, un pacifista que escapó la conscripción militar, porque no quiso ir a matar gente inocente en la guerra en Vietnam. Nezba, sin pensarlo dos veces, les regaló la furgoneta. Luego, tomamos el tren a Sevilla. "**

CLARISSE: {*lo mira con admiración*} **"¿Regalaron la furgoneta? Sin duda Nezba tiene un corazón de oro. Podían ustedes haber viajado a Sevilla en la furgoneta."**

SAMUEL: {*tratando de explicar*} **"No. Eso no fue posible. En España no era permitido para estudiantes poseer un vehículo con placas extranjeras. Teníamos que deshacernos de la furgoneta forzosamente."**

CLARISSE: {*afirmando con convicción*} **"De todas maneras, me parece una acción muy noble. ¿Qué pasó durante el viaje a Sevilla?**

Samuel cada vez se pone mas triste, contando la historia

SAMUEL: {*le tiembla un poco la voz*} **"Nezba durmiendo en mi hombro y yo contemplándola todo el tiempo. Nezba estaba feliz, haciendo planes para el futuro. Parecía todo normal, pero yo estaba preocupado por ella, sin saber exactamente porque."**

CLARISSE: {*con voz autoritaria que denota cierta preocupación, como queriendo saber la verdad de una sola vez*} **"¿Te casaste con ella?"**

SAMUEL: {*seriamente, para no dejar duda alguna*} **"No. No me casé con ella."**

CLARISSE: {*muy curiosa, sin adivinar*} **"¿Por qué no? ¿Qué pasó? ¿Se pelearon? ¿Ese amor tan grande se esfumó?**

Por unos segundos, Samuel se queda pensando, no puede contener un largo suspiro recordando con tristeza.

SAMUEL: {*con voz débil, un poco temblorosa*} **"No pude casarme con ella porque ella ya estaba casada con un colombiano."**

Pausa corta

Clarisse se para bruscamente, las frazadas caen al suelo. recoge las frazadas y las pone sobre el asiento 1A al lado de la ventana. Luego, lo enfrenta sacudiendo la cabeza de un lado al otro, gesticulando con las dos manos.

CLARISSE: {*sin poder creerlo y sin poder ocultar su sorpresa*} **"¿Qué dices? Nezba era casada. ¿Tu lo sabías? ¿Te lo dijo antes, cuando la conociste, después del primer verano? No puedo creer que ella te lo haya ocultado todo ese tiempo."**

Se nota que Samuel, sentado en el asiento 1C, está un poco dolorido, pero la mira con ternura.

SAMUEL: {*tratando de calmarla un poco*} **"No vayas tan rápido, sacando conclusiones. Yo lo sabía. Nezba me lo dijo."**

CLARISSE: {*Sin poder calmarse, con voz seria*} **"Así que tu lo sabías. ¿Cuál fue tu reacción cuando te lo dijo?"**

SAMUEL: {*haciendo un verdadero esfuerzo para calmarla, con voz suave y amigable*} **"Al principio me quedé seco, sorprendido, no esperaba oír eso. Estaba bastante celoso. Primero el chileno rico y luego el marido. Lo pensé muchas veces, muy seriamente antes del viaje y decidí viajar con ella porque estaba muy enamorado de ella. Fuera como fuera, no tenía sentido que la dejara."**

CLARISSE: {*con cierta vehemencia*} **"No entiendo lo que me quieres decir. Por favor, explícamelo otra vez. ¿Quieres?"**

SAMUEL: {*mirándola a los ojos fijamente con seriedad*} **"Ella me explico con detalles su situación antes de nuestro viaje, el primer verano. El amor es como una moneda, tiene dos caras, una es fuente de felicidad y la otra es de tristeza."**

CLARISSE: {*tratando de descubrir la verdad*} **"No empieces con tus juegos de palabras ni con tus poemas. Te pregunté acerca de Nezba y me contestas hablando del amor. Quiero entender lo que pasó entre ustedes dos, tal como sucedió."**

Clarisse sigue parada. Samuel se para frente a ella y a toma de las manos cariñosamente. Clarisse no se mueve y sigue mirándolo a los ojos. Ambos se miran por un corto instante.

SAMUEL: {*con voz más sueva tratando de explicar*} *"No estoy jugando con palabras. Trataba de explicarte lo que sentimos los dos en ese momento."*

Clarisse suelta sus manos y las pone en sus caderas.

CLARISSE: {*impávida, confundida*} *"Ahora si que me perdiste. ¿Que tienen que ver esas dos caras con lo que sentiste cuando ella te dijo que estaba casada? A mi me está pareciendo todo esto un poco descarado."*

Samuel, un poco molesto, se pone serio, se sienta recto en el asiento 1B del medio, la mira fijamente y suavemente, la toma una mano invitándola a sentarse en1A al lado de la ventana.

SAMUEL: {*tratando de explicar con voz amigable*} *"Siéntate por favor. Permíteme que te explique porque dije que el amor tiene dos caras.*

Sin darse cuenta, Clarisse se sienta de costado con su perfil hacia Samuel, sobre las frazadas, en 1A, frente altiva esperando la explicación.

CLARISSE: {*Con voz seria*} *"Estoy esperando tu explicación."*

Samuel hace un esfuerzo para sonreír tratando de calmarla un poco. No deja de estar sorprendido por sus reacciones impulsivas. Él sabe que debe tener un poco de paciencia con ella.

SAMUEL: *{Con una mirada triste, recordando}* *"El amor es felicidad y tristeza. Una cara del amor representa la felicidad de 'AMAR', la otra cara representa la 'NECESIDAD DE SER AMADO'. No se si me explico claramente."*

Clarisse se da cuenta que su reacción fue desmedida y que lo ha afectado bastante., Un poco arrepentida, le pide disculpas .

CLARISSE: *{le toma la mano suavemente}* *"Por favor no lo tomes a mal. No te quise ofender. Me tomaste de sorpresa, no pude creer que Nezba ya estaba casada y no contigo. ¿Explícame un poco mas, quieres?* *{más calmada, apoya su cabeza en el hombro de Samuel}* *¿Cuál es la diferencia de las dos caras del amor?"*

SAMUEL: *{Sonriendo, con voz un poco autoritaria}* *"AMAR es entregar el EGO a la persona amada, sin esperar nada en cambio. LA NECESIDAD DE SER AMADO es lo contrario. El ser amado debe demostrar, a cada momento, que ama. Si me amas, tienes que demostrármelo haciendo esto u el otro."*

CLARISSE: *{con interés y curiosidad}* *"¿Quieres decir que AMAR es DARSE UNO MISMO y LA NECESIDAD DE SER AMADO ES RECIBIR, usando el amor para dominar al ser amado?"*

SAMUEL: {*complacido*} *"Creo que nadie lo hubiera dicho mejor."*

CLARISSE: {*le toma la mano, devolviéndole la sonrisa*} *"Tu la amaste con un verdadero amor, por eso aceptaste el hecho de que ella esté casada. ¿No es verdad?*

SAMUEL: {*con vehemencia*} *"Si, es verdad. Ninguno de nosotros tenía o sentía la Necesidad de Ser Amado. Nezba y yo nos amábamos sin esperar nada el uno del otro, un verdadero amor desinteresado y nuestra felicidad era hacer feliz al ser amado, lo cual nos era sumamente fácil."*

CLARISSE: {*enternecida, suspirando*} *"!Cómo me gustaría poder amar de esa manera y que alguien me ame sin la necesidad de ser amado!"*

SAMUEL: {*sinceramente*} *"Estoy seguro que encontrarás a la persona que te ame así. Ten paciencia y observa con los ojos bien abiertos. El amor llega sorpresivamente, sin dar la menor seña. Muchas son las personas dejan pasar la gran oportunidad de amar, ya sea porque no ver la oportunidad o porque le tienen miedo."*

CLARISSE: {*coqueteando*} *"¿Crees que yo tenga tan buena suerte?"*

SAMUEL: {*asegurando con convicción*} **"No creo que es cuestión de suerte. Te lo mereces porque tu eres una persona que sabe dar sin esperar nada en cambio."**

CLARISSE: {*suspirando*} **"!Cómo me gustaría que estés en lo cierto!"**

Clarisse curiosa por saber que pasó después en Sevilla..

CLARISSE: {*con voz amable y curiosa*} **"¿Qué paso después, cuando llegaron a Sevilla?"**

SAMUEL: {*con voz de narrador*} **"Nezba quería casarse conmigo y yo con ella, pero antes de poder hacerlo, ella tenía que resolver su situación. Hacía cinco años que estaba separada del marido, se podía divorciar, pero no podía volverse a casar."**

CLARISSE: {*inquisitivamente*} **"¿Por qué no se podía volver a casar estando divorciada? ¿Por qué no se quedaron en Sevilla pretendiendo que estaban casados?"**

SAMUEL: {*negando con la cabeza*} **"Eso no era posible porque Nezba era muy católica como toda su familia. Uno de sus tíos era el obispo de Cartagena, otro era el embajador de Colombia en Francia. Teníamos que buscar otra solución."**

CLARISSE: {*haciendo un gesto*} **"Me parece que el amor requiere de muchos sacrificios. ¿Tu qué crees?"**

SAMUEL: {*asintiendo con la cabeza*} **"Muchas responsabilidades, quizás la más difícil, es la de olvidarse de uno mismo y entregarse a ser amado, no sólo una vez, sino permanentemente."**

CLARISSE: {*devolviéndole la sonrisa*} **"Nunca pensé en el amor de esta manera. No se que es el amor."**

SAMUEL: {*con un leve movimiento de cabeza asintiendo*} **"Yo no sabía nada acerca del amor hasta que me enamore de Nezba. La amé y me enamoré perdidamente. "**

CLARISSE: {*sonriendo*} **"Me parece lindo que te hayas enamorado de ella, así, de esa manera tan maravillosa.** {*con una mirada un poco triste*} **¿Qué hicieron entonces?"**

SAMUEL: {*pensativo, como hablado para si mismo, recordando*} **Nezba escribió a su papá diciéndole que estábamos muy enamorados y que queríamos casarnos. Le pidió que la ayude a anular su matrimonio. Su papá le contestó de inmediato, diciendo que hizo las averiguaciones del caso y que para anular su matrimonio ella tenia que volver a Cartagena."**

Samuel baja su cabeza demostrando un sentimiento de pérdida y continua hablando.

SAMUEL: "Es por eso que Nezba tuvo que viajar a Colombia.

CLARISSE: {*tratando de darle ánimo, con voz tierna*} **"Ella volvió a Colombia y no pudo conseguir la anulación de su matrimonio, es por eso que ustedes no se casaron. ¿Verdad?"**

SAMUEL: {*negando con la cabeza, con verdadero sentimiento de pérdida*} **"No, desafortunadamente no fue así."**

CLARISSE: {*con curiosidad sana mostrando verdadero interés*} **"Me dijiste que te prometió volver. ¿Qué pasó?"**

SAMUEL: {*levantando la cabeza y mirándola a los ojos*} **"Si me lo prometió, debía volver a Sevilla tan pronto como fuera posible. Nos íbamos a casar . . . "**

De pronto Clarisse lo interrumpe, levanta la cabeza, se sienta derecha, lo mira de soslayo. Samuel sorprendido.

CLARISSE: {*con voz inquisitiva, como queriendo convencerse a si misma*} **"Pasó el tiempo y ella no pudo volver, de manera que tu viajaste a Colombia y allí se casaron ¿Correcto?"**

SAMUEL: {*con una sonrisa irónica y negando con la cabeza*} *"No, yo me quedé en Sevilla. Ya te dije que no me casé con ella, he sido soltero toda mi vida."*

CLARISSE: {*mostrando cierta satisfacción, con voz mas amigable*} *"Me alegra saberlo. Mejor que no te hayas casado."*

Samuel totalmente sorprendido, se pone de pie y empieza a pasear frente a los asientos. Después de unos pasos, se para frente a Clarisse, levantando los brazos al cielo pregunta.

SAMUEL: {*con voz inquisitiva, tratando de adivinar el motivo*} *"¿Cómo dices? ¿Por qué crees que es mejor?"*

Clarisse se da cuenta de haber dicho algo que afecto a Samuel, le toma las dos manos tratando de disimular su reacción, con un gesto notorio en los labios, casi sonriendo, mirándolo a los ojos directamente, casi suplicante responde.

CLARISSE: {*con vox suave pero asertiva*} *"Porque no creo que hayas amado a nadie como la amabas a Nezba. ¿No es verdad?"*

Samuel se pone de cuclillas, inclinado hacia Clarisse, la mira tiernamente, afirmando con la cabeza, como alguien que confiesa un hecho que sigue siendo verdadero.

SAMUEL: {*con toda sinceridad*} *"Tienes razón, es verdad."*

*Clarisse le acaricia los cabellos sonriendo un poco coqueto-
na. Samuel le devuelve la sonrisa. Clarisse suavemente trata de obligarlo a sentarse a su lado en 1B. antes de sentarse,
Samuel se estira, hace una seña y camina hacia el pasillo.
La azafata los mira interesada.*

SAMUEL: *{haciendo una seña hacia el pasillo}*
**"Me perdonas un momento. Enseguida
vuelvo."**

CLARISSE: *{asintiendo con la cabeza}* **"No
tengo algo porque perdonarte. Te espe-
raré con toda paciencia."**

*Samuel camina hacia el baño. Clarisse se para, toma las
frazadas y las sacude un poco, pone una de ellas en los dos
asientos 1A y 1B. Se arregla en cabello. Camina donde
esta parada la azafata y le pide dos almohadas.*

CLARISSE: *{amablemente}* **"Señorita, ten-
dría usted la bondad de traernos dos
almohadas."**

AZAFATA: *{atentamente con una sonrisa casi im-
perceptible}* **"Enseguida se las traigo y le
traeré dos frazadas más para que estén
más cómodos. ¿Se le ofrece algo más?"**

CLARISSE: *{amablemente con voz autoritaria}*
**"Nada más por el momento, Muchas
gracias."**

*La azafata se retira. Clarisse se queda parada., se estira
un poco, se agacha a mirar por la ventana. En eso regresa
Samuel y sorprendido se queda parado, quieto mirando a
Clarisse, sin decir palabra. La azafata se acerca con las
almohadas y las frazadas.*

Al ver a Samuel parado observando a Clarisse que sigue agachada mirando por la ventana, se sonríe moviendo la cabeza de arriba para abajo. Luego de un corto momento, la azafata, se acerca a él y dice a Samuel.

AZAFATA: {*sonriendo*} **"Disculpe Señor, aquí le traigo las almohadas y las frazadas que ordenó la señorita."**

Samuel se la vuelta, mira a la azafata sorprendido sin comprender de que se trata y sin decir palabra, se queda parado, inmóvil.

Al oír a la azafata, Clarisse se da vuelta, se acerca a la azafata, toma las almohadas se las da a Samuel, que las recibe sorprendido. Clarisse toma las frazadas y agradece a la azafata. La azafata se retira.

Samuel y Clarisse están parados frente a frente, el con las almohadas en sus dos manos, ella con las frazadas. Clarisse pone las frazadas en 1C, quita las almohadas a Samuel, las acomoda en 1A contra la ventana.

Luego, coge a Samuel de la mano y, cariñosamente, lo invita a sentarse en el asiento 1B del medio. Samuel se sienta y la sigue contemplando admirado, pero sin decir palabra.

Clarisse se acerca al asiento 1C, tomas las frazadas, se recuesta cómodamente en el asiento de la ventana 1A apoyando su cabeza en las almohadas, estira las piernas poniéndolas en las rodillas de Samuel y se tapa con las frazadas. Samuel le pregunta.

SAMUEL: {*sin poder ocultar su sorpresa, muy contento*} **"¿Estás cómoda? ¿Tienes sueño? ¿Quieres dormir otra sienta?"**

CLARISSE: {*coquetamente*} **"Estoy comodísima, no tengo sueño. Me estoy preparando para seguir oyendo tu linda historia. ¿Te molesta o incomoda mi postura? Si te cansas, por favor me avisas."**

SAMUEL: {*acariciándole las piernas por encima de las frazadas*} **"Claro que no me molesta, todo lo contrario. No se si es una coincidencia, pero Nezba también se recostaba como tu lo estás haciendo. Me acostumbré rápidamente."**

CLARISSE: {*levanta la cabeza y lo mira sorprendida*} **"¿Qué dices? ¿Nezba ponía sus piernas sobre tus rodillas y tu te acostumbraste?"** {*hablando para si misma*} **"No lo puedo creer."** {*mirando inquisitivamente a Samuel*} **"Lo dices en serio, de veras?"**

SAMUEL: {*sonriendo contento*} **"Te lo digo muy en serio. Es increíble, me sorprendiste. Lo hiciste tal cual ella lo hacía, hasta el detalle de las almohadas. ¿No me crees?"**

CLARISSE: {*intrigada sin poder controlarlo*} **"Si te creo. ¿Por qué no había de creerte?. Cuéntame como y cuando Nezba hizo lo mismo que yo acabo de hacer."**

Samuel, sin disimular, sigue acariciándole las piernas por encima de las frazadas.

SAMUEL: *"La primera, vez que Nezba lo hizo fue en el segundo verano. Viajamos en tren, en segunda clase, los asientos de madera bastante duros. Nezba llevada dos frazadas y su almohada favorita. De pronto hizo como tu: puso la almohada apoyada a la ventana, sus pies sobre mis rodillas, se tapo las piernas con la frazada y se quedó profundamente dormida hasta que llegamos a Paris. me recodaste a ella. Por eso te pregunté si tenías sueño."*

CLARISSE: *{completamente extasiada}* **"Me parece un cuento de hadas, parte de una linda novela romántica. Esta es la primera vez que lo hago y no se porque lo hice, sin pensarlo siguiendo un impulso.** *{intrigada hablando para si misma}* **"Tiene que haber un mensaje secreto ¿Qué será?"** *{halando a Samuel}* **¡Qué lindo! Me encanta que me cuentes de Nezba. Por favor. ¿Puedes seguir contándome tu historia?"**

Clarisse apoya su cabeza en las almohadas. A Samuel le es difícil continuar con la historia y poco a poco se va entristeciendo al recordar lo que pasó. Cuando esto sucede, él baja la cabeza y se queda en silencio por unos segundos. Clarisse se da cuenta de su tristeza y trata de animarlo.

SAMUEL: *{poniéndose triste, baja la cabeza y se queda en silencio}* **"Me pongo triste al recordar lo que paso."**

CLARISSE: *{bastante compungida tratando de aminorar la tristeza que se nota en la cara de Samuel}* **"Por favor, no te pongas triste. Tu historia es muy linda, me encanta oírte contarla."**

SAMUEL: *{tratando de sonreír}* **"Es posible que tu también te pongas triste y yo quiero que estés siempre alegre."**

CLARISSE: *{tratando de aliviar la tensión, haciendo un esfuerzo para alegrarlo un poco}* **"No me pondré triste ni quiero que tu estés triste, quiero que estemos felices los dos."** *{tiernamente y con sinceridad}* **Si no quieres seguir contándome la historia, no tienes que hacerlo."**

SAMUEL: *{con sinceridad profunda}* **"Me siento muy feliz contigo."**

CLARISSE: *{sonriendo, afirmando con la cabeza suavemente}* **"Yo también estoy muy feliz contigo."**

SAMUEL: *{sonriendo abiertamente, con los ojos fijos en ella}* **"Me alegra sentirte cerca de mi y verte feliz."**

CLARISSE: *{tomándole la otra mano, con entusiasmo}* **"La alegría más grande es la mía. Estando cerca de ti me vuelve la tranquilidad y la paz.** *{casi rogando}* **¿Seguirás con la historia?"**

Samuel hace un verdadero esfuerzo por controlar sus emociones deja de acariciarle las piernas., mira a su alrededor, como buscando que alguien lo ayude. Mira a Clarisse moviendo la cabeza de un lado para el otro.

SAMUEL: {*con voz un poco entrecortada*} **"No estoy muy seguro si debo seguir, no se si podre hacerlo, ya te dije que tu te pondrás muy triste y yo también. Quizás sea mejor que cambiemos de conversación."**

Clarisse se sienta medio de costado, sus pies en el suelo en 1A. Toma las almohadas y se las da a Samuel, él las pone en 1C. Samuel toma las frazadas y le tapa las piernas.

Clarisse fija la mirada en él. Se nota claramente que quiere oír toda la historia. Mirándolo de costado, sin aceptar disculpa alguna, insiste que Samuel siga contándole de Nezba. Poco a poco, la alegría del momento se va volviendo tristeza, ambos la sienten.

CLARISSE: {*al principio, sin poder contenerse, con voz autoritaria, como pidiendo explicación*} **"¿Qué quieres decir; que me dejarás en el limbo muriéndome de curiosidad? No lo puedes hacer, tienes que contarme el resto de la historia.** {*suavizando poco a poco su voz*} **Además, ya te dije que me encanta oírla y quiero saber como termina.** {*más calmada, le toma las manos*} **Pase lo que pase, por favor cuéntamela. Si nos ponemos tristes, luego volveremos a estar alegres y a ser felices."**

SAMUEL: *{sonriendo y accediendo de buena ma-nera}* ***"Continuaré, pero te advierto que es muy triste y no se si pueda terminar-la. ¿Me lo prometes tener paciencia?"***

Clarisse cambia de actitud, se le encoge el corazón. Senti-mientos de ternura que no había sentido antes vibran por todo su cuerpo. Sin poder articular palabra y sin soltarle las manos, asiente afirmativamente con la cabeza.

CLARISSE: *{afirmando sin lugar a dudas}* ***"Claro que lo prometo.*** *{con voz sumamente tierna y con extrema curiosidad}}* ***Me estás en-señando qué es el amor. Sigue, por fa-vor, no te desanimes. "***

Samuel se queda pensativo mirándola a los ojos. Clarisse se sonríe y besa su mejilla. Apoya su cabeza en su hombro. Samuel, sentado derecho en 1B, bastante repuesto, la mira enternecido acariciándole los cabellos. Se nota que él tam-bién está emocionado. Sacude un poco su cabeza, estira su cuerpo, siente un fuerte impulso de seguir la historia.

SAMUEL: *{como contando un cuento a una niña}* ***"El día que Nezba viajó a Colombia, es-tábamos en el aeropuerto de Sevilla es-perando la partida de su avión.*** *{recordan-do con una mezcla de alegría y tristeza a la vez}* ***Nezba lloraba a morir sin poder conte-nerse, yo trataba de calmarla, dicién-dole que el tiempo volaría; que yo la esperaría y que en cuanto vuelva nos casaríamos."***

Samuel, mojándose los labios y mirando al cielo

SAMUEL: "Nezba me prometió que me escribiría en cuanto pise tierra colombiana. {*Clarisse levanta lentamente la cabeza para mirarlo a los ojos*} **Nos abrazábamos y nos besamos como si fuera la ultima vez que estuviéramos juntos. Su avión ya iba a partir y ella seguía abrazada de mi. Nos besamos apasionadamente por ultima vez y ella fue caminando despacio hacia el avión.**

De pronto, Nezba se dio la vuelta y vino corriendo hacia mi, se tiro en mis brazos y me beso como nadie nunca me había besado.

Tiemblan las manos Samuel, con voz muy profunda como si alguien estuviera apretándolo por el cuello. El temblor de Samuel es contagioso, Clarisse empieza a temblar, los dos casi sin poder controlarse

No me soltaba, lágrimas rodaban por sus mejillas y por las mías. {*Samuel no puede contener las lágrimas y hace una pausa. Clarisse lo mira azorada en espera*} **No tengo idea de cuanto tiempo estuvimos abrazados. De pronto, Nezba se separó, me tomo las dos manos y, casi sin poder hablar, titubeando me dijo:**

Samuel imitando apenas la voz de Nezba.

'Volveré pronto a casarme contigo. "
estoy feliz de ser la madre tu hijo.''

SAMUEL: *"Nos miramos por última vez. Nezba se dio la vuelta, corrió hacia el avión.''*

Clarisse salta en su sitio inconscientemente, se incorpora agarrándose la cabeza con ambas manos sin poder controlarse, las frazadas caen al suelo. Su cuerpo tiembla como si estuviera helándose de frío. Empieza a perder el equilibrio, está a punto de desmayarse. Samuel se para, la sostiene como puede. Ambos están llorando.

Después de unos segundos, secándose las lágrimas, Clarisse hace un esfuerzo para controlarse. Samuel la ayuda a sentarse en 1A, levanta las frazadas le tapa las piernas.

La azafata, que vio parte de la escena, se acerca a ellos lentamente. Samuel la ve venir y inconscientemente le hace una seña para que no se acerque. La azafata entiende la seña y se retira cautelosamente.

Pausa corta

CLARISSE: {*con voz un poco entrecortada*} *"!Dios Mío! ¡Qué confesión inesperada! ¡Qué hermosa sorpresa para ti! Nezba realmente te amaba. !Qué gran felicidad para los dos!* {*apoyando su cabeza en el hombro de Samuel*} *¿Qué hiciste después?''*

Samuel, temblando, mira al suelo tratando de ocultar su pena. Sus recuerdos, amontonados en su cabeza, lo obligan a seguir contando la historia. con una sonrisa forzada trata de controlarse.

SAMUEL: {*al principio hablando despacio y luego con voz sonora*} **"Me quedé llorando sin poder contenerme. Lloraba de felicidad y de tristeza. Triste porque Nezba se fue, desapareció delante de mis ojos y no pude hacer nada para retenerla.** {*se va alegrando poco a poco, una alegría contagiosa*} **Feliz de saber que Nezba iba a ser la madre de mi hijo y de saber que volvería pronto y nos casaríamos.** {*con voz alegre como quien ha descubierto un tesoro y quiere gritarlo al mundo entero. Clarisse se sienta de costado y lo mira tiernamente*} **Me repuse después de varios minutos y, como si estuviera enajenado empecé a cantar, saltar, bailar en medio del aeropuerto, hablando con gente que no conocía, diciéndoles que iba a ser Papá.** {*levanta los brazos al cielo*} **Quería celebrar, pero estaba solo. Así es que volví a la ciudad en un estado de euforia, alegre y triste a la vez."**

Clarisse se pone de pie. Las frazadas se caen al suelo, ella no les hace caso. Se sienta en el asiento 1A, en posición de yoga. Toma a Samuel de las dos manos suavemente y lo obliga a sentarse en la misma posición. Ambos están sentados en posición de yoga, frente a frente, en A1 y B1, él dando las espaldas al pasillo y ella a la ventana. Permanecen en silencio por unos segundos, mirándose a los ojos, tomados de las manos cariñosamente.
Clarisse se inclina un poco hacia él, parece que quiere besarlo, casi no puede resistir el impulso de abrazarlo, pero llega a controlarse, tratando de disimular su súbita alegría, lo mira tiernamente. Samuel devuelve la mirada sin dejar de sonreír.

La pena se esfumó de repente, ambos muestran la alegría de un nuevo amanecer, que no dura mucho tiempo. La azafata y los pasajeros los observan interesados. Clarisse rompe el silencio diciendo:

CLARISSE: *{con voz alegre}* **"No era para menos. Yo hubiera hecho lo mismo. ¡Qué linda historia es esta. ¿Dónde dio Nezba luz a tu hijo, en Sevilla o en Colombia?"**

Samuel, conmovido y triste. trata de sonreír sin lograrlo. Clarisse se da cuenta del cambio y lanza un suspiro.

SAMUEL: *{negando con la cabeza, con voz compungida}* **"Mi hijo no nació."**

CLARISSE: *{sorprendida, como si hubiera recibo un golpe en el corazón}* **"¡Cómo! ¡No nació! ¡Qué pena!** *{se pasa las dos manos por la cabeza y mira a Samuel incrédula}* **¿Nezba Perdió el bebé? ¿Qué pasó con la criatura?** *{con vehemencia}* **Dímelo por favor."**

SAMUEL: *{tratando de calmarla y de calmarse a si mismo le toma las dos manos, con voz tierna pero triste}* **"Después de una semana y sin noticias de ella. Estaba muy preocupado. Cada día, esperaba su telegrama. Recibí nada, ni una letra. No sabía que estaba pasando. Esperé una semana más, pacientemente, trataba de imaginarme lo mejor y me llenaba la cabeza de disculpas positivas, pues no quería tener ningún pensamiento negativo."**

96

CLARISSE: {*suelta sus manos sin poder aceptarlo fácilmente y levanta sus brazos al cielo*} **"!Dios, qué paciencia! Yo no hubiera podido esperar tanto, me hubiera sido simplemente imposible."**

SAMUEL: {*le vuelve a tomar las dos manos, asintiendo con la cabeza*} **"No creas que me fue fácil esperar.** {*levantando los brazos al cielo, moviendo los dos hombros*} **¿Que otra cosa podía hacer!? No tenía su dirección; no podía comunicarme con ella."**

CLARISSE: {*cabeza en alto, con ambos manos en las caderas, desafiante y con incredulidad extrema*} **"Por favor no me digas que no escribió porque perdió el bebe, se desanimó y ya no quiso casarse contigo; o que su familia la impidió volver a Sevilla. Si así hubiera sido, me sentiría muy desilusionada de ella."**

SAMUEL: {*tiernamente le vuelve a tomar las dos manos tratando de calmarla, como suspirando*} **"Ojala pudiera decir exactamente eso."**

Clarisse suelta las manos, mueve la cabeza sin aceptar su respuesta. Lo mira a los ojos con una mirada inquisitiva.

CLARISSE: {*con autoridad de quien quiere reamente saber lo que pasó*} **"¿Qué quieres decir? ¿Qué otra cosa peor podía haber pasado? Por favor, sigue con la historia."**

Clarisse sin esperar respuesta o aclaración, con voz un poco mas suave, llena de curiosidad pregunta.

CLARISSE: "¿Cómo lo supiste sino tenías comunicación con ella? ¿Qué hiciste después de las dos semanas?"

Samuel se pone aún más y más triste. Samuel le suelta las manos, suspirando, su mirada perdida en el horizonte. Tiene dificultad para seguir contando la historia, Se queda en silencio mirándola.
Clarisse intuye lo que le está pasando y se enternece. Se inclina hacia él y lo besa en la frente.

SAMUEL: *{le vuelve a tomar las dos manos. Hace un esfuerzo y continua, su voz empieza a temblar un poco}* ***"Me estaba volviendo loco sin saber que hacer.*** *{mirando al cielo y recordando}* ***Un buen amigo me aconsejó que fuera a consulado de Colombia a pedir información."***

CLARISSE: *{moviendo la cabeza afirmativamente}* ***"Esa si fue una buena idea.*** *{con mas curiosidad, casi sin poder esperar la respuesta y sin poder adivinarla}* ***¿Qué te dijeron en el consulado?"***

SAMUEL: *{le suelta las manos y vuelve a mirar al cielo como pidiendo ayuda}* ***"En el consulado me atendió una señorita muy amable. Le di el nombre de Nezba, le expliqué mi situación y le pedí, por favor, que me consiguiera, como fuera, su dirección en Cartagena."***

Ambos frente a frente, Clarisse hincada y Samuel medio recostado con el torso hacia ella. Clarisse trata de mostrar confianza, le toma una mano y tamborea suavemente sobre su palma, mirándolo a los ojos. Samuel se sonríe apenas.

CLARISSE: *{con un poco de ahínco}* **"¿Te dieron su dirección?"**

SAMUEL: *{negando con la cabeza en tono casi quejumbroso}* **"La señorita me miró por unos segundos. Noté que sus ojos mostraban una gran tristeza y que ella estaba haciendo un gran esfuerzo para contener sus lágrimas.** *{suspirando profundamente}* **Luego, con voz entrecortada me dijo que Nezba era su amiga de la infancia, que fueron a la misma escuela en Cartagena."**

CLARISSE: *{demostrando cierto entusiasmo y tratando de aminorar la tensión}* **"!Qué bueno! Me alegro que encontraste una buena amiga de Nezba."**

SAMUEL: *{sin oír las palabras de Clarisse y sin notar su entusiasmo, como perdido dentro de si mismo}* **"La señorita estaba triste y eso me puso muy nervioso. Le pregunté si ella sabía donde estaba Nezba y si podía comunicarme con ella.**

CLARISSE: *{adivinando pero con prudencia y a la espera de otra sorpresa}* **"Te dio su dirección, le escribiste y Nezba te contó lo que sucedió ¿No es verdad?"**

Samuel trata de sonreír sin conseguirlo, hace una mueca, sus manos empiezan a temblar nuevamente. Se sienta erecto mirando al frente. se caen las frazadas. Clarisse se da cuenta de su esfuerzo, empieza a preocuparse y a ponerse tensa y temerosa, sin saber que esperar. Se sienta de frente con los pies en el suelo. Levanta las las frazadas, tapa con una las rodillas de Samuel y con la otra sus rodillas y se queda quieta, en espera.

SAMUEL: *{haciendo un esfuerzo para hablar, con un nudo en la garganta}* **"La señorita, casi llorando, me dijo que sentía mucho lo que le pasó en el accidente, que hasta ahora ella no lo podía creer".**

Samuel no puede contener las lágrimas y baja la cabeza instintivamente. Clarisse se pone de pie y se hinca en su asiento de frente a Samuel tomándolo de los dos hombros.

CLARISSE: *{casi sin poder controlar su susto y su emoción}* **"¿De qué accidente estaba hablando?"**

SAMUEL: *{sin levantar la cabeza, como si estuviera perdido en el pasado}* **"Eso mismo le pregunté, pero ella se quedó en silencio con la cabeza baja por un corto momento.** *{suspirando profundamente}* **Luego, se dio la vuelta y fue a la otra oficina.** *{Samuel se encoge de hombros. Clarisse acerca su cara hacia él}* **A los pocos segundos volvió trayendo un periódico colombiano y me lo entregó sin decir una palabra."**

Clarisse se inclina hacia atrás. Sin saber como reaccionar, instintivamente se arregla en cabello pensativa. sorprendida, casi sin entender, sin poder ocultar su curiosidad y al mismo tiempo asustada de saber la verdad.

CLARISSE: *{con voz sumamente tierna, tratando de comprender la tristeza de Samuel}* **"!Dices qué te entrego un periódico sin contestar a tu pregunta! Eso me parece raro."**

Samuel da la vuelta el torso mirando hacia el frente, saca su pañuelo blanco y se seca las lágrimas. Sus manos tiemblan. Clarisse se sienta a su lado de costado. Lo mira un poco asustada y conmovida con la gran pena que él siente.

CLARISSE: *{con voz asustada}* **"!Estás temblando! ¡Estás llorando!"**

SAMUEL: *{entre lágrimas casi sin poder hablar}* **"No te puedes imaginar como estaba ese día. Estaba temblando mucho más que ahora. Traté de leer, pero no puede hacerlo. Sentí que perdía el equilibrio. Me sujeté del mostrador para no caerme."**

CLARISSE: *{acordándose que él mencionó un accidente, con voz temblorosa}* **"¿Por qué reaccionaste de esa manera? ¿Qué mala noticia traía ese periódico?"**

Samuel respira profundamente varias veces. Mira fijamente a Clarisse tomándole una mano. Con mano temblorosa, se seca las mejillas, no puede contener sus lágrimas.

SAMUEL: {*moviendo la cabeza, sin poder creer lo que decía*} **"El periódico resbaló de mis manos y cayó al suelo. Perdí el equilibrio. La señorita rápidamente me sujetó y me ayudó a sentarme. Luego, levanto el periódico, se sentó a mi lado y lo leyó en voz alta."**

Samuel pasa sus manos varias veces por su cabeza, acariciando sus propios cabellos, queriendo definitivamente olvidar lo ocurrido. Clarisse se queda callada esperando muy atenta.

SAMUEL: {*como si le estuviera contando un secreto*} **"El avión nunca llegó a Colombia. Se estrello en medio del atlántico. No se supo porque, ni se encontró rastro alguno. Nezba y mi hijo desaparecieron.**

Samuel se queda callado por un corto momento, recordando.

SAMUEL: Traté de pararme y salir corriendo, pero no pude. Casi me caigo otra vez. La señorita me sujeto y me obligo a sentarme. Me trajo un vaso de agua, mis manos temblaban sin control, me fue muy difícil tomar un trago, ella me ayudó.

Samuel hablando a si mismo, mirando al cielo.

SAMUEL: "Perdí a los dos amores de mi vida, a Nezba y a mi hijo. Todo mi mundo se vino al suelo. Estaba seguro que no podría seguir viviendo.

SAMUEL: {*hablando a duras penas*} **"Nunca en mi vida había sentido un dolor tan grande, no podía dejar de llorar, los sollozos sacudían todo mi cuerpo.** {*negando con la cabeza*} **No me acuerdo más porque me desmayé."**

Clarisse da un salto en su asiento. Las frazadas caen al suelo. Se tapa los ojos con las dos manos y empieza a llorar desconsoladamente sin poder contener su tristeza.
Samuel la mira enternecido, la acerca a ella y hace descansar la cabeza de Clarisse en su hombro. Acaricia sus mejillas y la abraza con el otro brazo. Los dos tiemblan al unísono, sin poder hablar por un momento.

Pausa corta

Muy despacio, Samuel recupera la calma y ayuda a Clarisse a calmarse poco a poco. Por unos segundos se miran fijamente, como hablando en silencio. Ambos están perdidos en su pena y la tristeza que los envuelve. Clarisse cierra sus ojos como en una plegaria.

CLARISSE: {*con voz un entrecortada*} **""¡Dios Mío! !Qué terrible tragedia!. "!Qué horrible! !Qué desgracia más tremenda! La siento como si estuviera pasando ahora a mi misma. A nadie le deseo una pena gran grande como esta. Pobre de ti. Me admira que hubieras podido seguir viviendo."**

Clarisse lo abraza fuertemente. Samuel también la abraza por unos segundos que parecen siglos.

*Las azafatas, que están observándolos se quedan paraliza-
da sin saber lo que realmente está pasando. Intuyen que es
algo muy profundo y, sin poder contenerse, lanzan un suave
suspiro llevándose las manos a los ojos. Varios pasajeros
que también los están observando, viendo la reacción de las
azafatas, asienten positivamente.*

*Una de las Azafatas, se acerca silenciosamente, los observa
en silencio por unos segundos moviendo la cabeza afirmativamente. Luego se agacha, recoge las frazadas tiradas en el
suelo, cubre a Clarisse y se aleja lentamente.*

Se pagan las luces,
se cierra el telón

Fin de la segunda escena

Intermedio de quince (15)
minutos

Tercera Escena

Escenario

Al prenderse la luces, se ve a Samuel sentado en el asiento A1, al lado de la ventana, y a Clarisse sentada en el asiento B1, del medio. Las frazadas cubren sus rodillas. Clarisse apoya su cabeza en el hombro de Samuel. Ambos estás bastante calmados, en silencio, perdidos en uno en la otra. Completamente ajenos a su entorno.

Momentos más tarde, se oye la voz del piloto. Anuncia que en treinta minutos van a aterrizar en Washington D.C. Al oír el comunicado, Samuel y Clarisse vuelven lentamente a la realidad.

La azafata se acerca a ellos y les pide que por favor se abrochen los cinturones de seguridad. Luego se retira.

Diálogo

AZAFATA: {*Amablemente*} *"Perdonen, oyeron el anuncio del piloto, falta poco para que este vuelo se termine. Tengan la bondad de abrocharse los cinturones de seguridad. Espero que este vuelo haya sido fuente de su bienestar. Ya saben, si necesitan algo, por favor, me llaman. Es un placer poder servirlos. Gracias."*

Samuel se sacude, Clarisse se para, estira los brazos y se sienta al lado de él. Se miran como si recién estuvieran despertando de un largo sueño. Simultáneamente sonríen como dándose la bienvenida.

Samuel se abrocha su cinturón. Clarisse trata de hacerlo pero no puede porque no lo encuentra. Los dos se miran de pies a cabeza. Clarisse, riéndose, indica que Samuel, una ves mas, que él está sentado en el cinturón de Clarisse. Samuel trata de ponerse de pie, pero no puede. Clarisse suelta la gran carcajada indicándole que tiene que desabrocharse el cinturón antes de poder ponerse de pie. Samuel también se ríe contento. Se desabrocha el cinturón, se para, alcanza el cinturón a Clarisse, ella se lo ajusta, él se vuelve a sentar y abrocha su cinturón. Las azafatas y otros pasajeros se ríen de ver esos afanes.

Samuel y Clarisse se ponen serios dándose cuenta que pronto cada uno irá por su lado y una mirada tristona se asoma en sus ojos. Sienten que algo muy grande, mágico, tierno y profundo ha sucedido y no quieren que termine de repente. Samuel no quiere perderla y sabe que queda poco tiempo. Clarisse siente que la partida se acerca y tampoco quiere perderlo. Se han enamorado y no quieren despedirse.

SAMUEL: *{con voz que denota desilusión}* **"Ya estamos llegando."**

CLARISSE: *{mostrando su preocupación y disgusto, con voz un poco áspera}* **"Si. Pronto aterrizaremos y a mi no me gusta."**

SAMUEL: *{Asintiendo afirmativamente con la cabeza}* **"A mi tampoco."**

CLARISSE: *{con énfasis, protestando}* **"No me gusta que este vuelo termina de esta manera. ¿Por qué tiene que ser así?"**

SAMUEL: {*le toma una mano suavemente*} **"No tiene que acabar así. Si quieres podemos bajar del avión juntos.**

CLARISSE: {*suelta su mano y lo mira con cierto desdén, encogiéndose de hombros*} **"Bajamos junto y luego: ¿Qué?"**

SAMUEL: {*con voz conciliatoria llena de esperanza*} **"Ya veremos qué pasa. Debemos ser optimistas."**

CLARISSE: {*con voz autoritaria*} **"Optimistas o no, eso no es suficiente para mi. No me gusta esta ambivalencia. Prefiero saber que va a pasar con nosotros."**

SAMUEL: {*con voz tierna, tratando de calmarla un poco*} **"Acuérdate que me pediste te recomendará a la pensión donde pienso alojarme. Creo que podemos alojarnos juntos en esa pensión. ¿Qué te parece?"**

CLARISSE: {*no muy convencida, queriendo saber más*} **"Mira lo que son las cosas. Se me había olvidado. Muy buena idea. Me recomiendas y nos alojamos es esa pensión. Pero,** {*levantando los brazos al cielo*} **!¿Después que!!?**

Samuel trata de aliviar la situación que se va poniendo un poco tensa.

SAMUEL: {*Hablando con mucha presteza y confianza*} **"Además, no tengo mucho que hacer en Washington. Puedo ayudarte, si me lo permites, conozco la ciudad. Pasamos un tiempo juntos, para conocernos un poco mas."**

CLARISSE: {*con una sorna picaresca*} **"!Qué chistoso que eres! ¿Que quieres decir con eso de** {*burlándose, tratando de imitar su voz*} **!Conocernos un poco más! Creo que te conozco bastante y no necesito conocer más detalles. Si tu no me conoces hasta ahora, no creo que llegues a conocerme nunca.** {*con tono autoritario y definitivo*} **"Ya está decidido. Tu idea es magnífica. Nos alojamos en la pensión y tu, que tienes nada que hacer, me ayudas, porque yo tengo mucho que hacer, no se donde empezar ni a donde debo ir."**

SAMUEL: {*sin ocultar su sorpresa, afirmando con la cabeza, con entusiasmo y riéndose*} **"No te me pongas así, 'Princesa'. Tengo mucho tiempo disponible y todo él será para ti. Haremos todo lo 'Su Majestad' ordene y desee. No habrá ningún inconveniente. Todo lo contrario sera un verdadero placer para mi poder hacerlo. Lo haré con toda buena voluntad.** {*burlándose, tratando de imitar su voz*}. **"¿Aceptas mi ayuda? Dímelo de inmediato, por favor."**

CLARISSE: {*sonriendo mostrando satisfacción*} **"!Qué si la acepto!? !Que chistoso que eres! Sólo a ti se te ocurre preguntármelo. Claro que si, no solamente la acepto si no que la espero definitivamente.** {*burlándose, tratando de imitar su voz*} **Además, eso de 'Princesa y de Su Majestad' me gusta mucho.** {*mirándolo de frente y tomándole una mano*} **Me encanta oírte cuando te pones romántico y poeta.** {*guiñándole un ojo y besando en la mejilla*} **¿No te das cuenta que haz caído en mi red?** {*haciéndose la burla, riéndose*} **A veces creo que actúas como un niño pequeño y eso también me gusta. Ja. Ja. Ja."**

SAMUEL: {*mostrando su satisfacción* } **"Estoy feliz de ser tu pescadito. Pero no me tires al sartén por favor. Ja. Ja. Ja. "**

CLARISSE: {*muy contenta*} **"Me alegra saberlo, mi red es maravillosa, soy muy buena pescadora y mejor cocinera. Ja. Ja. Ja."**

SAMUEL: {*queriendo tener mas información*} **"Recuerdo que me hablaste de una cita. ¿A qué hora tienes que estar en el Capitol?"**

CLARISSE: {*sentándose cómodamente con voz asertiva*} **"No tengo una cita, es una ceremonia oficial y no es en Capitol. Tengo que estar a las diez de la mañana en el 'Federal Building'."**

110

SAMUEL: {*con cierta curiosidad*} **"¿Qué tienes que hacer allí?"**

CLARISSE: {*con voz muy orgullosa, levantando la cabeza coqueta*} **"Tengo que ir a recoger mi premio y mi diploma."**

SAMUEL: {*más curioso aún, inquisitivamente*} **"¿De qué premio estás hablando?"**

CLARISSE: {*frotándose las manos muy contenta*} **"Soy diseñadora de modas.** {*moviendo los hombros en todo de disculpa*} **Bueno, estoy exagerando porque todavía no lo soy. Estoy estudiado para serlo. Este es mi último año en el Colegio de Artes en Phoenix, Arizona. Me gané el segundo premio en la competencia nacional, mañana tengo que asistir a la ceremonia de entrega de premios, recoger mi premio y mi diploma. Creo que será una ceremonia simple y corta. La verdad es que no lo tenía planeado, pues no quería gastar mis ahorros en este viaje, pero mi profesora me dijo que era urgente que reciba mi premio en persona. Me sugirió venir porque ella piensa que es importante que empiece a tener buenas conexiones profesionales."**

Samuel frotándose las manos entusiasmado, a punto de dar a Clarisse una sorpresa, algo que ella no puede adivinar. Anticipando su respuesta positiva.

SAMUEL: *{Con voz asertiva}* *"!Que linda sorpresa! Te felicito y me alegro que hayas decidido seguir el consejo de tu profesora pues ella tiene toda la razón. Tienes una personalidad muy abierta e interesante, no te será difícil hacer conexiones con profesionales importantes.* *{apuntando con el dedo a si mismo y con orgullo}* *La verdad es que creo que ya haz hecho una conexión. La más interesante. Eso sin haber recogido tu diploma todavía. Creo que te haz ganado otro premio."*

CLARISSE: *{sigue burlándose de él y coqueteando muy contenta}* *"Si. Te conocí y quizás tu seas "el otro" premio que mencionas. Ya veremos. Pero no creo que el consejo de mi profesora se aplique a nuestro encuentro. Ella se refería a verdaderos profesionales en mi área y no a poetas que se las dan de conquistadores como voz. Ja. Ja. Ja."*

Samuel se ríe a carcajadas. Trata de pararse, se da cuenta del cinturón. Clarisse lo mira y se ríe apuntando al cinturón. Samuel hace una mueca como diciendo "no tiene importancia". Se desabrocha el cinturón, se para de frente a ella, levanta los brazos al cielo. Clarisse está sentada en B1.

Le hace una venia. Luego, con toda pompa y demostrando su posición especial, saca del bolsillo una invitación y haciendo alharacas, se la muestra a Clarisse.

SAMUEL: {*con voz de anfitrión*} **"No te reías anticipadamente. Quizás tu profesora es una adivina. Toma, mira y lee esto."**

CLARISSE: {*lo mira sorprendida, inquisitivamente con los brazos cruzados*} **"¿Ahora que traes entre manos? ¿Que es esto que quieres que mire y que lea?**

Samuel haciendo una venia, le alcanza la invitación sonriendo, él está muy seguro de sorprenderla, espera que ella reaccione muy feliz.

SAMUEL: {*Muy orgulloso s de si mismo*} **"Esto, creo que te gustará."**

Clarisse se para, devuelve la venia, toma la invitación. Luego, se sienta cómodamente. Mira y da vuelta la invitación varias veces.

CLARISSE: {*un poco sorprendida*} **"Parece una invitación."**

SAMUEL: {*sonriendo de placer a la espera de la reacción de Clarisse. Clarisse está sentada en B1. Samuel se sienta en C1, a su lado, sin abrocharse el cinturón*} **"Eso es exactamente, una gentil invitación. Léela."**

Clarisse abre el sobre, saca la invitación y la lee detenidamente moviendo la cabeza de un lado al otro, sin poder comprender exactamente lo que está pasando.
Después de unos segundos, Clarisse se pone de pie. Parada frente a él, lo mira ensimismada, estirando el cuello, se inclina hacia él y le devuelve la invitación.

CLARISSE: *{no puede controlar su sorpresa y su temperamento}* **"!Dios Mío! No lo puedo creer. Mañana tu tienes que ir al mismo lugar al que yo tengo que ir, al Federal Building.** *{confrontándolo, con las manos en las caderas impávida.}* **Lo tenias bien ocultito, haciéndote pasar por poeta. Te haz debido reír de mi, en tu adorado silencio. "**

Las azafatas y otros pasajeros que se dan cuenta del enredo, los observan curiosos, disimuladamente. Samuel toma la invitación y juega con ella sonriéndose.. Clarisse se le agacha, le quita la invitación y la vuelve a leer.

Clarisse leyendo la invitación en voz alta y con sorna.

CLARISSE: "Distinguido profesor Samuel Céspedes, PhD. El Comité Nacional de Arte y Confección de Modas tiene el agrado de invitarlo a la Entrega de Premios y Diplomas a los estudiantes ganadores del Certamen Nacional De Diseñadores.

En su calidad de Juez del certamen, nos es grato hacerle llegar nuestros sinceros agradamientos por su valiosa colaboración. Inmediatamente después de la ceremonia, está Usted invitado a la recepción y almuerzo que se celebrara.

Clarisse interrumpe su lectura y devuelve la invitación a Samuel, él la mira sorprendido y sin saber que esperar.

114

CLARISSE: {*con asertividad y autoridad demandando una explicación*} **¿Por qué no me dijiste que eras un profesor de diseño de modas?** {*apuntándolo con el dedo, con voz un poco dolida*} **No solamente eres un profesor famoso, pero uno de los jueces del concurso. No me sorprende que me hayan dado el segundo premio."**

SAMUEL: {*tratando de calmarla*} **"No te pongas así ni lo juzgues de esa manera. El concurso fue muy justo, los jueces no supimos quienes eran los participantes. Además, no te conocía entonces. ¿No es verdad?"**

CLARISSE: {*sigue con un tono un poco áspero, de resentimiento*} **"Si. Es verdad, no nos conocíamos. Pero cuando te dije que yo era estudiante, te quedaste muy calladito, ocultándote detrás de mi ignorancia."**

SAMUEL: {*con toda paciencia y voz tierna*} **"No quise ofenderte ni ocultar nada, simplemente no se me ocurrió que fuera necesario confesarlo. Perdóname, si te he ofendido ha sido sin ninguna mala intención. Estoy feliz de haberte conocido. Mañana te aplaudiré a todas palmas, orgulloso por ti y muy contento de ser tu amigo. Después de la ceremonia, vamos al almuerzo, muy contentos. ¿Qué te parece?"**

CLARISSE: *{enfatizando con autoridad}* **" Me parece muy mala idea. Nos verán juntos y como no saben que no nos conocíamos la gente puede pensar que . . .**

Interrumpiéndola, Samuel le toma la mano y la obliga a sentarse cerca de él.

SAMUEL: *{en tono condescendiente afirmando con la cabeza}* **"Si tanto te preocupa la gente, no vamos al almuerzo. Pero. ¿Que importa lo que diga la gente?"**

CLARISSE: *{con voz mas suave, asintiendo con la cabeza}* **"Tienes razón. No me importa lo que la gente diga o piense.** *{con autoridad}* **Pero, olvídate del bendito almuerzo, que yo tengo otros planes.**

Clarisse, en posición de yoga se hinca en su asiento A1. Samuel la imita sentándose con sus rodillas dobladas. en el asiento B1. Ambos están frente a frente. Samuel no puede ocultar su sorpresa. La mira fijamente a los ojos.

SAMUEL: *{con cierta sorpresa}* **"¡Otros planes! ¿Qué quieres decir?"**

CLARISSE: *{sonriendo}* **Me siento muy feliz contigo y me alegro que seas un profesor de diseño, porque contigo aprenderé muchísimo más de lo que pueda aprender en la universidad."**

SAMUEL: {*con curiosidad, tratando de descubrir cuáles son los planes de Clarisse*} **"¿Crees que nuestro encuentro fue una 'coincidencia' o que era nuestro 'destino' conocernos en este vuelo?"**

CLARISSE: {*moviendo la cabeza negativamente*} **"No creo en las coincidencias. Quizás fue nuestro destino. ¿Quién lo sabe? Es posible que nos hubiéramos conocido en durante la ceremonia de entrega de premios. ¿No te parece?"**

SAMUEL: {*dudando*} **"Si. Quizás nos hubiéramos conocido ahí.** {*con entusiasmo y verdadera sinceridad*} **Pero ha sido mucho mejor que nos conozcamos hoy, en este vuelo. ¿De acuerdo?"**

CLARISSE: {*muy contenta sonriendo*} **"Si. Estoy de acuerdo. Soy una mujer feliz con mucha suerte. Ahora tengo alguien que me lleve mañana a la ceremonia y mucho más. ¿No es así?"**

SAMUEL: {*más sorprendido*} **"Si así es. Estoy a tu disposición.** {*cambiando sutilmente de tema, sigue tratando de adivinar que es lo que Clarisse se propone*} **No creo sea necesario que alquilemos dos autos. ¿Qué piensas al respecto?"**

Clarisse con un movimiento gracioso y coqueteando.

CLARISSE: *{con autoridad}* **"Un auto basta."** *{Apuntándolo con el dedo}* **"Pero en la pensión dos cuartos."**

SAMUEL: *{levanta los brazos}* **"!Cómo! ¿Qué pasó con mi premio?"**

Clarisse lo besa en los labios, un beso suave, pero muy corto. Samuel trata de alargarlo, ella tiernamente se aparta juguetonamente. Samuel queda petrificado, en las nubes.

CLARISSE: *{como quien hace una promesa verdaderamente importante}* **"¿Tu Premio? Debes tener paciencia.**

SAMUEL: *{levanta los brazos al cielo como implorando}* **"!¿Paciencia!? Paciencia es el regalo de las diosas despiadadas. Mírame, yo soy un simple ser humano, las diosas han entrelazado nuestros destinos; ojala me regalen esa paciencia que tu reclamas.** *{baja los brazos y la toma las dos mejillas tiernamente, como prometiendo}* **Trataré de tenerla, haciendo un verdadero esfuerzo, porque creo que realmente valdrá la pena."**

CLARISSE: *{sonríe coquetonamente}* **"No será pena alguna. Te lo prometo."**

SAMUEL: *{le suelta las mejillas, mirándola fijamente a los ojos}* **"Acepto con gusto tu promesa, pero antes quiero saber cuales son tus planes."**

Clarisse toma las dos manos de Samuel en la suyas, con voz y actitud de algo que ya ha sido decidido de antemano.

CLARISSE: {*con voz burlona*} **"¿Mis planes? ¡HA! Nuestros planes querrás decir. Después de la ceremonia, salimos corriendo al auto y vamos directamente al edificio de justicia, a la oficina de matrimonios de la ciudad. Tu debes saber donde queda. ¿Verdad?"**

Clarisse sin esperar respuesta, levanta los brazos al cielo. Lo mira a los ojos en silencio por un segundo, le toma las mejillas con sus dos manos y lo besa en la frente.

CLARISSE: {*con voz segura y apasionada*} **"Nos casamos. Vamos a un restaurante familiar pequeño, almorzamos."** {*suspirando*} **" Luego, vamos de prisa de vueltita a la pensión."** {*moviendo su cuerpo cadenciosamente*} **"Te juro que te valdrá la 'pena'."** {*burlándose de él y riendo graciosamente*} **"Eso si tu puedes esperar con paciencia por tu premio. Ja. Ja. Ja. ¿Qué te parece?"**

Sin contestar, Samuel se queda perplejo por un corto momento, le acaricia las mejillas y, sin poder retener su impulso, la besa en los labios. Con gusto y pasión Clarisse le devuelve el beso. se pierden en ellos y se besan apasionadamente, olvidándose del mundo a su alrededor.

Pausa corta

Las azafatas, que los ha estado observando todo este tiempo muy interesadas, los aplauden. Al oír los aplausos, los pasajeros también aplauden y algunos hacen buenos comentarios.

Después unos segundos, al oír los aplausos, Samuel y Clarisse, se dan cuenta de la situación. Un poco avergonzados, se ponen de pie y hacen una venia a la concurrencia. Luego Samuel y Clarisse se sientan. Los pasajeros los siguen aplaudiendo, asintiendo con sus cabezas.

Momentos más tarde, la azafata anuncia el aterrizaje del avión y pide a los pasajeros que abrochen sus cinturones de seguridad. Clarisse ayuda a Samuel con su cinturón y luego se abrocha el suyo. Ambos se miran tiernamente. Riéndose, la azafata se acerca, levanta las frazadas del suelo y cubre a Clarisse. Los pasajeros los vuelven a aplaudir.

Se apagan las luces

Empieza la música

Fin de la tercera escena

Epílogo

Antonio de Pórcel Flores Jaimes Freyre

Escenario

Empieza la música y se prenden las luces. El en escenario se ve una sala pequeña. Simone-Nezba y André, una pareja joven, entran en el escenario y se paran al centro uno frente a la otra. El volumen de la música va disminuyendo poco a poco.

Diálogo y Acción

ANDRE: {*Levanta los brazos al cielo, con voz entusiasta*} **"Esa historia es muy linda.** {*baja los brazos y la toma de las manos*} **¿Fue verdadera?"**

SIMONE-NEZBA: {*asintiendo afirmativamente con la cabeza*} **"Si es una historia hermosa y es verdadera.** {*Suelta sus manos, apuntando con un dedo, con voz autoritaria*} **Todo lo que te conté realmente sucedió, no te quepa la menor duda."**

ANDRE: {*trata de agarrarle el dedo, pero ella lo mueve rápidamente haciendo una mueca coqueta, mostrando satisfacción y curiosidad*} **"!Hum! ¿Hace cuanto tiempo que volaron juntos por primera vez?"**

Simone-Nezba se da la vuelta y camina unos pasos, se queda parada, mirando al público.

SIMONE-NEZBA: {*pensativa, como recordando*} **"Déjame hacer unos cálculos. Mis padres se casaron inmediatamente después de la ceremonia y mi padre recibió su premio como mi madre se lo había prometido."** {*se da la vuelta, se acerca, de frente a él mirándolo fijamente*} **" Yo nací al año siguiente y cumplí los veintiún años el cinco de febrero pasado."**

ANDRE: {*un poco sorprendido*} **"¿Hace veintidós años?**

Simone-Nezba se da vuelta mirando al público. André camina y se para detrás de ella, la toma de los hombros con ambas manos, acerca su cabeza al oído izquierdo de ella. Simone-Nezba mueve su cuello en forma pizpireta, poniendo las manos en sus caderas, casi desafiante.

ANDRE: {*con astucia tratando de comprometerla*} **"El otro día me dijiste que ellos estaban viajando. ¿Volaron a Washington DC?"**

Simone Nezba se da la vuelta, de espaldas al público, parada frente a él, moviendo las caderas como si estuviera bailando, casi cantando.

SIMONE-NEZBA "Si. Desde entonces ellos viajan en el mismo vuelo a Washington D.C., cada año en la misma fecha, a celebrar su encuentro.

Simone-Nezba se para a su lado, lo toma de la cintura y ambos caminan imitando a los viajeros.

SIMONE-NEZBA: *"Pasan unos días en Washington y luego toman el 'Concorde' de Air France directamente a Paris donde los espera la furgoneta nueva, 'Volkswagen', que usan para acampar por toda Europa. Es así que celebran su luna de miel."*

Los dos se paran al centro del escenario, mirándose frente a frente,

ANDRE: *{con curiosidad e interés}* **"Quieres decir que tus padres celebran su luna de miel cada año?"**

SIMONE-NEZBA: *{con los brazos en alto, contoneándose, como anunciando al mundo entero}* **"Si, cada año, en la misma fecha lo celebran.** *{baja los brazos y le da una pequeño y suave empujón en el pecho como tentándolo}* **¿Te parece increíble?"**

ANDRE: *{retrocede un poco y se fricciona el pecho como si lo hubiera lastimado, riéndose. Se acerca más a ella y la toma las dos manos}* **"!Qué lindo! Debes sentirte muy feliz de tener una familia admirable."**

SIMONE-NEZBA: *{contoneándose orgullosa, ambos agarrados de las manos}* **"Si. Me siento muy feliz. Mis padres han sido felices desde su primer vuelo. Se aman como si todavía fueran novios. Yo comparto esa su gran felicidad, todos y cada uno de mis días."**

ANDRE: {*mirándola a los ojos, con verdadera sinceridad y mucha ternura*} **"¡Cómo me gustaría ser parte de tu familia!** {*inquisitivamente, tratando de obtener una respuesta más directa*} **¿Crees que se encontraron por casualidad?"**

SIMONE-NEZBA: {*se da cuenta de su intención, con voz burlona*} **"No creo que fue una casualidad.** {*convencida y con voz autoritaria*} **Estoy segura que ese fue su destino.** {*coqueteando con todo el cuerpo*} **¿Crees acaso que es una casualidad que mi nombre sea SIMONE-NEZBA?"**

ANDRE: {*lo toma de sorpresa, pensativo, buscado una buena respuesta*} **"Hum! Tienes razón, no creo que es casualidad que te llames Nezba.** {*camina dos pasos hacia atrás y apuntando con el dedo*} **Pero no me explico porque te llamaron 'Simone'".**

Simone se acerca a él riéndose y trata de agarrarle el dedo que el lo retira rápidamente ocultando sus dos manos detrás de su espalda. Ella corre detrás de la espalda de André tratando de agarrarle las manos, él las pone delante riéndose. Ella trata de nuevo, están parados frente a frente, él le entrega sus dos manos y ella las toma graciosamente.

SIMONE-NEZBA: {*juguetonamente, coqueta, moviendo sus caderas*} **"Porque mi abuelo se llamaba Simón y a mi madre no le gusta el nombre de 'Samuela'.** {*riéndose, abre la boca y se toca las muelas*} **Dice que le trae recuerdos de su dentista. Ja. Ja. Ja."**

ANDRE {*riéndose con ella*} **"Tu madre tiene un estupendo sentido del humor que tu se lo haz heredado."**

SIMONE-NEZBA **"Gracias por el cumplido.** {*Se acerca a él, con voz un poco más seria*} **"Si me permites cambiar de conversación."** {*con un interés que denota cierta picardía, como tendiéndole una trampita*} **"¿Cuáles son tus planes para este verano?"**

ANDRE: {*con voz de quien quiere convencer*} **"Me gustaría conocer Washington D.C..** {*se frota las manos entusiasmando por la oportunidad*} **¿Te gustaría viajar conmigo, en un vuelo especial como el de tus padres?"**

SIMONE-NEZBA: {*mostrando la satisfacción de un pescador que ha pescado un tiburón peligroso*} **"Esperamos que vuelvan mis padres, nos casamos y tu tendrás tu premio."** {*moviendo todo su cuerpo, muy coqueta*} **"Tienes que tener paciencia. ¿Te parece?"**

ANDRE: {*sin contestar directamente a su pregunta; rascándose la cabeza y tratando de recordar*} **"Quisiera acordarme que dijo tu padre acerca de la 'Paciencia'."**

SIMONE-NEZBA: {*burlándose de él y segura de que su respuesta es positiva*} **"Que debes pedírsela a las Diosas. De manera que a rezar se dijo y con gran devoción."**

ANDRE: *{mirándola a los ojos, esperanzado, como rogando y esperando que ella lo haga}* **"¿Que tal si me das un adelantito que me ayude a rezar?"**

Sin contestar, Simone-Nezba se acerca a él. André la abraza cariñosamente, ella también lo abraza mostrado gran pasión y lo besa apasionadamente.

Fin del Epílogo

Empieza la música, se apagan las luces.

Sigue la música, se prenden las luces. Después de hacer las venias de rigor, los actores empiezan a bailar, luego, bajan del escenario e invitan a personas de la audiencia a subir al escenario a bailar con ellos.

Fin de la obra

Apéndice

A manera de introducción

En mi teoría de la "Actuación Teatral", afirmo que lo más importante es, sin duda, la "Actuación". Algunos de mis lectores se reirán de esta afirmación que parece un "Perogrullo", pero no lo es.

En efecto, he sido criticado muchas veces por describir en detalle, no sólo los escenarios, sino también la actuación de las actrices y/o actores durante la representación de un obra de teatro.

El "Mito" es que el autor, no tiene la responsabilidad (y no debe hacerlo) de escribir lo que debe suceder en la actuación de la obra. Se afirma que esa responsabilidad es del "Director" y/o de la Directora. Además se cree que es la persona que produce la representación tiene la responsabilidad del escenario, etc. etc..

No se exactamente como ha nacido está concepción, pero me parece que fue generada por otro "Mito". Aquel que pregona que el "Dialogo" es más importante que la actuación. Es decir que la "Actuación" debe seguir al "Diálogo".

De manera que el autor debe contentarse con escribir el "diálogo" dejando la actuación para las personas que ponen la obra en escena.

Claro está que no estoy de acuerdo con está manera de concebir una representación teatral.

Simplemente creo, y no me cansaré de repetirlo, que el "dialogo" debe seguir a la "Actuación" y no al contrario.

Antonio de Pórcel Flores Jaimes Freyre
La Actuación

Entiendo por "Actuación, todos a cada uno de movimientos, gestos, ademanes, expresiones no verbales. etc. etc., que deben hacer las actrices y/o los actores para representar, en la manera mejor que sea posible al personaje.

Son elementos primordiales de la actuación el: que, como, donde, cuando, porque, para que, de que manera, conque énfasis, etc. etc., que se deben representar actuando.

Una buena técnica que recomiendo a actrices y/o actores es estudiar y tratar de actuar su personaje en silencio, sin el dialogo. Una vez dominada la actuación, es entonces que se debe aprender el diálogo.

Es interesante anotar que, una vez dominada la actuación, es mucho más fácil memorizar el diálogo. Quién no lo crea, que lo experimente.

Es por esta simple razón que, trato en lo posible que incluir en mis obras de teatro, detallada información referente a la actuación en la representación de cada personaje, durante toda la obra.

Además, quiero quiero hacer notar, que, para mi, es más fácil escribir el diálogo si puedo imaginarme la obra en actuación. Es decir que tengo la necesidad que "ver" la representación de la obra, para poder escribir el diálogo.

Creo que no es algo personal, me imagino que los autores requieren imaginarse la obra representada, para poder escribirla.

Les advierto que es mucho más difícil y toma mucho más tiempo, escribir un "apéndice" como el que sigue. que ayuda la representación de la obra dando un resumen detallado de la actuación de cada uno de los personajes.

Un abrazo de amigo
ToTTó

Análisis de la

Actuación de la Obra

Posiciones y Actuaciones

de los Personajes

Incluidos en la Obra

Primera Escena

Página 24
Párrafo 1

Samuel se para, toma dos revistas del revistero en la pared de la ventana, se sienta en 1B, se abrocha el cinturón de seguridad. Pone una revista en el asiento 1A y la otra en el asiento 1C. Clarisse entra a la carrera, ve las dos revistas en los asientos de la primera fila. busca otro asiento vació pero no lo hay. Al verla Samuel, disimuladamente, levanta la revista, la pone en A1 y deja libre el asiento 1C. Clarisse vuelve a mirar la primera fila y ve que ahora el asiento C1 está libre, pone su maletín de mano debajo del asiento 1C y se sienta en 1C. De inmediato, moviéndose de un lado para el otro, empieza a buscar su cinturón de seguridad, no lo puede encontrar, porque Samuel, sin darse cuenta, está sentado sobre el cinturón del asiento 1C.

Párrafo 2

Samuel observa a Clarisse bastante entusiasmado.

Párrafo 3

Clarisse un poco molesta por la preguntita, no le hace caso y sigue buscando el cinturón.

Página 25
Párrafo 2

Se oye la voz de la azafata dando las instrucciones de vuelo a los pasajeros. Clarisse parada, sigue buscando el cinturón.

Párrafo 4

Clarisse, que no encuentra el cinturón, se sienta en 1C, muy incómoda. Al ver que ella no tiene el cinturón de seguridad, la azafata se acerca a ella y le pregunta.

Párrafo 7

La azafata busca el cinturón en el asiento 1C y como no lo encuentra, decide buscarlo en el asiento 1B, donde está sentado Samuel.

Página 26

Párrafo 4

Samuel trata de pararse, pero no puede hacerlo porque el tiene el cinturón abrochado que no lo deja pararse. Clarisse lo mira moviendo la cabeza de un lado para el otro pensando para sus adentros "este tipo parece ser un tonto".

Párrafo

Samuel, muy avergonzado, se desabrocha el cinturón rogando a Dios que la azafata esté equivocada. Se pone de pie. Clarisse riéndose a carcajadas, toma el cinturón, se sienta cómodamente, se lo abrocha muy contenta con lo ocurrido. Samuel levanta la revista del asiento 1A y la pone en el casillero de revistas que está en la pared de la ventana. Se sienta en el asiento 1A al lado de la ventana, se abrocha su cinturón, quedándose callado y cabizbajo. La azafata, agradeciéndole, se retira a sus quehaceres. Clarisse se siente mejor estando separada de él, con el asiento 1B del medio libre.

Página 27

Párrafo 1

Se oye la voz de la azafata que anuncia que los pasajeros que deseen, pueden ponerse más cómodos y desabrochar sus cinturones, pero que se recomienda tenerlos abrochados la mayor parte del vuelo. También ofrece refrescos y su asistencia en lo que pueda para hacer del viaje mas cómodo.

Clarisse inmediatamente desabrocha su cinturón, reclina su asiento y trata de ponerse cómoda. Samuel la imita, se desabrocha su cinturón y la mira de reojo siguiendo detalladamente sus movimientos. Ella se da cuenta que la están observando y hace un gesto de mal gusto.

Pasan unos segundos. Clarisse, que no está muy cómoda, levanta la baranda que separa su asiento 1C y el asiento del medio 1B. Luego se sienta en 1B y lo reclina. Samuel disimuladamente sube la baranda que separa su asiento 1A con el asiento 1B.

Página 27

Párrafo 1 (continuación)

Clarisse reacciona molesta, lo mira desdeñosamente y de un golpe, baja la baranda que levantó Samuel. Samuel, con una sonrisa burlona, la vuelve a subir, moviendo la cabeza negativamente.

Clarisse lo mira de pies a cabeza afrontándolo, hace un gesto con una mano, cambia de asiento, se sienta en 1C, al lado del pasillo, dejando en asiento 1B vacío. Las barandas que separan los asientos entre 1A, 1B y entre 1B, 1C quedan hacia arriba.

Después de un corto momento, Clarisse se vuelve a parar, de espaldas a Samuel, se agacha, saca su mochila que está debajo del asiento 1C, se saca los zapatos de taco alto, los mete, descuidadamente, en la mochila. Se estira, se vuelve a sentar en 1C, en el asiento del pasillo, y se fricciona un poco los pies.

Luego se recuesta en los dos asientos 1B y 1C, con su cabeza al lado del pasillo y sus rodillas dobladas hacia Samuel. El la mira con una mezcla de sorpresa y agrado.

Página 28

Párrafo 1

Ella se da cuenta que Samuel la observa en forma un poco descarada, bruscamente se sienta en 1B, Baja la baranda separando los asientos 1A y 1B, se da vuelta, se reclina en 1B y1C con sus rodillas hacia el pasillo y su cabeza apoyada en la baranda entre 1A y 1B, del asiento de Samuel. Samuel hace un gesto mirándola desdeñosamente y disimulando se pone a mirar por la ventana.

Párrafo

Las azafatas y algunos pasajeros, en asientos cercanos, los observan entretenidos.

Párrafo 3

Después de un corto momento de silencio

Antonio de Pórcel Flores Jaimes Freyre

Página 29

Párrafo 3

Clarisse ignora su respuesta, se para, de espaldas a Samuel, se agacha, saca su mochila de debajo 1C y busca algo en ella, uno de sus zapatos se cae, lo levanta bruscamente y lo tira dentro de la mochila. Hace un gesto de desagrado, porque no encuentra lo que está buscando. Cierra la mochila y la tira bajo el asiento del medio 1B. Se acerca al revistero, se inclina, toma una revista. Se sienta en el asiento del pasillo 1C, con un gesto de cansancio, ojea la revista desinteresadamente. Samuel sigue todos sus movimientos tratando de disimular que la observa. Luego trata de ignorarla y vuelve a mirar por la ventana. Al poco rato Clarisse exclama:

Página 30

Párrafo 1

Clarisse se para, la revista cae de sus faldas, se estira tratando de cerrar el aire acondicionado. Samuel, que sigilosamente la estaba observando, se agacha y trata de recoger la revista. Al hacerlo, sin intentarlo, da un pequeño cabezazo rosando las piernas de Clarisse. Clarisse da un salto atrás y reacciona inmediatamente alejándose de él. Samuel, pone la revista en el revistero se sienta en 1A y se abrocha su cinturón. Clarisse lo mira disgustada y con las dos manos en las caderas lo enfrenta.

Párrafo2

Las azafatas los miran desde la puerta listas para intervenir si es necesario. Otros pasajeros también los miran. Samuel y Clarisse no se dan cuenta que están siendo observados, muy ocupados con ellos mismos.

Página 31

Párrafo 1

Samuel trata de pararse pero, una vez más no puede hacerlo, porque está con el cinturón abrochado.

Página 31 (continuación)
Párrafo 2

Samuel se desabrocha el cinturón, se pone de pie, apaga el aire acondicionado. Sin darse cuenta, se sienta en el asiento 1B del medio. Clarisse lo mira sorprendida. Samuel se da cuenta de su error, disimuladamente se cambia a 1A junto a la ventana y se abrocha el cinturón. Clarisse hace una mueca chistosa riéndose. Luego, frotándose los brazos, se sienta en el asiento 1B del medio, mirando al frente y sin abrocharse el cinturón. Las azafatas se alejan sonriendo.

Párrafo 3

Clarisse lo interrumpe, se pone de pie, frente a él, hace una venia y, con una mueca chistosa, le agradece.

Página 32
Párrafo 1

Clarisse se vuelve a sentar, esta vez en el asiento 1C, del pasillo, lejos de él. Pasa un momento de silencio. Samuel mira por la ventana aunque no hay nada interesante que mirar. Clarisse, disimuladamente, lo observa como si fuera la primera vez que lo ve. Samuel da la vuelta la cabeza y la mira. Por primera vez, los dos se miran a los ojos por unos segundos. Clarisse se sonríe apenas. Samuel afirma con la cabeza.

Párrafo 3

Clarisse entiende la intención de Samuel y le sonríe más abiertamente, una sonrisa de vendedora de automóviles.

Párrafo 6

Clarisse lo mira de arriba para abajo sorprendida, hace una mueca chistosa.

Párrafo 8

Samuel se sonríe abiertamente.

Página 33

Párrafo 1

Clarisse lo mira un poco confundida, sin poder creerlo o comprenderlo. Da la vuela el torso hacia él, cruza las piernas bajándose la falda lo mas que puede y le pregunta.

Párrafo 5

Clarisse, dándose cuenta que él le está "tomando el pelo", sonriendo, se arregla el cabello y lo interrumpe.

Párrafo 8

Una vez más Clarisse lo mira de pies a cabeza.

Página 34

Párrafo 2

Clarisse da la vuelta el torso mirando de frente, trata de ignorarlo una vez mas. Samuel la mira sonriendo mucho más seguro de si mismo.

Párrafo 4

Samuel está sentado en 1A. Clarisse da la vuela la cabeza a mirarlo haciendo un gesto de sorpresa. Súbitamente cambia de asiento, se sienta en 1B, cerca de él, le da un pequeño golpecito en el hombro y burlándose le dice.

Página 35

Párrafo 1

Clarisse le golpea el hombro un poco más fuerte.

Párrafo 3

Samuel, sentado en 1A, se frota en hombro con más ahínco, la mira con ojos tristes como si realmente estuviera muy adolorido, baja la cabeza en un acto de contrición, mostrándole que se siente muy desilusionado. Clarisse mueve la cabeza de arriba a abajo como tomándole el pelo o mostrándole que ella entiende lo que él quiere comunicar.

Página 37 Párrafo 1

Clarisse preguntando burlonamente

Párrafo 3

Clarisse está sentada en 1B, Samuel ve que ella no tiene el cinturón abrochado y la da un golpecito en el hombro tal como ella lo hizo anteriormente.

Obras de Teatro de ToTTó: El Vuelo

Página 37 (c0ntinuación)
Párrafo 5

Clarisse se da cuenta de su pequeño error y trata de corregirlo sin llegar a hacerlo. Hace un gesto de desdén con los hombros y la cabeza.

Párrafo 7

Ambos se ríen contentos. Se dan la mano amigablemente. Clarisse le alcanza su mano coquetamente y él la toma con suavidad.

Página 38
Párrafo 1

Clarisse sigue sentada en 1B, asiento del medio, cerca de él. Samuel está sentado en el asiento 1A al lado de la ventana.

Página 40
Párrafo 5

Clarisse vuelve a cambiar de asiento y se sienta rectamente en 1C. Samuel, sentado en 1A, la mira sorprendido, no entiende que dijo de malo. Mira por la ventana sin prestarle mas atención. Clarisse usando Usted. le dice.

Página 41 Párrafo 1

Clarisse se para dando sus espaldas a Samuel, se agacha, toma su mochila de debajo del asiento 1C, la abre, busca su libro pero no lo encuentra. Tira su mochila debajo 1C y se sienta, lejos de él, en 1C, el asiento del pasillo.

Párrafo 3

Clarisse está sentada en 1C. Samuel, que está sentado en 1A, da la vuelta la cabeza y la mira

Página 43
Párrafo 2

Clarisse hace un esfuerzo para cubrir sus piernas, pero no lo logra. Hace un gesto de desagrado.

Párrafo 6

Samuel, que sigue sentado en 1A, aprieta el botón para llamar a la azafata. Después de unos segundos, la azafata se acerca.

Página 44
Párrafo 3

La azafata se retira caminando lentamente. Los pasajeros los miran. Samuel sigue sentado en 1A y Clarisse en 1C.

Página 44 (continuación)

Párrafo 8

Clarisse, gira su cuerpo hacia él. sin decir palabra, lo mira de frente, confrontándolo, pero no puede disimular que esta avergonzada.

Página 45

Párrafo 4

La azafata se acerca trayendo las dos frazadas y se las entrega a Samuel.

Párrafo 6

Clarisse, sentada en 1C, trata de tapar sus piernas, pero no lo consigue. Samuel la observa, de reojo, la reacción de Clarisse; agradece a la azafata muy amablemente.

Página 46

Párrafo 1

Samuel sigue sentado en 1A. Clarisse cambia de asiento y se sienta en el asiento 1B, del medio cerca de él. Samuel le alcanza una de las frazadas. Ella, apresuradamente se cubre las piernas. Samuel la mira sonriendo. Luego toma la otra frazada y, cuidadosamente, cubre los hombros de Clarisse.

Párrafo 6

Clarisse, sin contestarle, sube la baranda que separa 1A de 1B y después de un corto momento se queda profundamente dormida. Samuel, sentado en 1A, la mira sonriendo y luego mira por la ventana, pensando distraído. Unos minutos después siente un peso sobre su hombro derecho. Sorprendido, da vuelta la cabeza y ve que Clarisse duerme profundamente, muy cómodamente, apoyando su cabeza en su hombro. Samuel no puede moverse sin despertarla.

**Se apagan las luces.
se cierra el telón.**

Fin de la primera escena

Antonio de Pórcel Flores Jaimes Freyre

Segunda Escena

Escenario

Pagina 48

Al prenderse la luces, el público ve a Samuel sentado en el asiento en 1A, cerca de la ventana. Clarisse sigue durmiendo, sentada en B1, asiento del medio, apoyando su cabeza en el hombro de Samuel. Cada vez que él trata de moverse un poco, Clarisse, sin despertarse, da un pequeño gruñido, se acomoda mejor y sigue durmiendo. Al moverse Clarisse, la frazada que le cubre las piernas se resbala y cae al suelo.

Samuel mira la frazada, lentamente trata de alzarla, pero no lo logra porque no quiere despertar a Clarisse. En eso la azafata pasa cerca de ellos, mira a Samuel quien le hace un gesto con la cabeza como diciendo 'paciencia'. La azafata mira a Clarisse que sigue durmiendo, muy cómoda, apoyada en el hombre de Samuel. Se sonríe, se agacha, toma la frazada, cuidadosamente cubre las piernas de Clarisse y se retira riéndose disimuladamente.

Momentos más tarde, se oye la voz del piloto dando información acerca del vuelo. Clarisse se despierta un poco aletargada, pero sin levantar su cabeza del hombro de Samuel. Samuel la mira sonriendo.

Obras de Teatro de ToTTó: El Vuelo

Página 49
Párrafo 4

Clarisse, sorprendida de haber dormido apoyando su cabeza en el hombro de Samuel, se incorpora avergonzada, sacudiéndose un poco. La frazada que le cubre las rodillas cae al suelo. Clarisse mira la frazada un poco azorada.

Párrafo 5

Samuel trata de alzar la frazada, pero no puede alcanzarla porque está con el cinturón abrochado.

Párrafo 6

Clarisse lo mira y se sonríe, indicándole con un ademan que lo desabroche. Samuel se desabrocha el cinturón, se agacha, toma la frazada, cubre las rodillas de Clarisse, se sienta en 1A y se abrocha el cinturón. Clarisse, sentada en 1B, lo mira sonriendo agradecida.

Página 50
Párrafo 3

Clarisse, sentada en 1B, lo mira inquisitivamente.

Párrafo 5

Samuel la interrumpe diciendo.

Página 51
Párrafo 1

Clarisse repite lo que él dijo anteriormente, imitándolo graciosamente.

Párrafo 3

Samuel la observa entusiasmado

Página 52
Párrafo 2

Clarisse, viendo su entusiasmo está más curiosa y lo interrumpe diciendo.

Párrafo 4

Samuel sigue sentado en 1A con el cinturón abrochado. Clarisse está sentada en 1B con el cinturón desabrochado.

Página 53

Párrafo 4

Las barandas de los asientos 1A y 1B están levantadas. Samuel está sentado en 1A, sigue con el cinturón abrochado. En un impulso, Clarisse se para, dando sus espaldas a Samuel, las frazadas caen al suelo, Clarisse las levanta, estira una de ellas sobre los dos asientos 1B y 1C, se sienta sobre sus rodillas en posición de yoga, cerca a Samuel, frente a la ventana, mirándolo directamente, se tapa las piernas con la otra frazada y, cruzada de brazos, espera que Samuel empiece a contar su historia.

Párrafo 6

Samuel, sentado en 1A, se desabrocha el cinturón, se sienta de lado mirando a Clarisse tiernamente y sonriendo empieza a contarle la historia.

Página 54

Párrafo 3

Clarisse lo mira como si hubiera quedado hipnotizada, descruza sus brazos, se arregla el cabello y se inclina un poco hacia él. Muy impresionada, levanta los brazos al cielo y casi inconscientemente, repite sus palabras hablando para si misma.

Párrafo 4

Clarisse lo mira fijamente con una curiosidad irresistible y, queriendo saber más, lo llena de preguntas.

Página 55

Párrafo 3

Sin esperar respuesta, Clarisse se pone de pie, las frazadas caen al suelo. Clarisse no les hace caso, se estira un poco, camina hacia el pasillo y se pierde de vista. Samuel sentado en 1A con el cinturón desabrochado, se para, se estira, recoge las frazadas y las pone sobre el asiento 1B, del medio, luego se vuelve a sentar en el asiento 1A, cerca a la ventana y se abrocha el cinturón. La azafata, que lo está mirando se le acerca sonriendo.

Página 57

Párrafo 2

La azafata, lo escucha con una sonrisa picaresca. Samuel continua hablando.

Pausa corta

Página 59
Párrafo 1

La azafata se retira lentamente caminando hacia el pasillo y se cruza con Clarisse que está volviendo. Ambas se quedan paradas por un momento corto. Se miran como si se conocieran, moviendo sus cabezas, dando a entender que saben lo que está pasando. Sin poder contenerse se ríen en voz baja. La azafata, con un movimiento de cabeza, indica a Clarisse que él la está esperando.

Clarisse se acerca sonriendo, lo mira coqueteando por unos segundos. Samuel está un poco distraído y no se da cuenta. Clarisse se sienta en 1B, a su lado, muy cerca de él, tapándose con las frazadas. Apuntando con la cabeza al pasillo, le pregunta.

Página 60
Párrafo 2

Siguiendo un impulso que no puede controlar, Clarisse recuesta en los dos asientos 1B y 1C., apoyando su cabeza en las rodillas de Samuel, arrullándose y se tapa las piernas con las dos frazadas. Samuel, un poco sorprendido, la mira enternecido y le acaricia suavemente los cabellos.

Página 61
Párrafo 1

Clarisse ignorando su respuesta, súbitamente, se sienta en 1B. Las frazadas caen al suelo. Samuel las mira sin intención de levantarlas. Clarisse se para, de espaldas a Samuel, se estira un poco, levanta las frazadas y las tira en el asiento 1C, se sienta en 1B, de costado, da la vuelta la cabeza, levanta los brazos al cielo y lo mira fijamente. Samuel le devuelve la mirada.

Párrafo 5

Clarisse toma las frazadas y vuelve a recostarse en los dos asientos 1B y 1C, como estaba antes, apoyando su cabeza en las rodillas de Samuel, cubre sus piernas con las frazadas, muy cómoda, Samuel acaricia sus cabellos.

Página 61 (continuación)

Párrafo 7

Samuel deja de acariciarle los cabellos y estira los brazos hacia el cielo suspirando notoriamente, cruza los brazos pensativo, como volviendo a ver su pasado Se nota que poco a poco se va poniendo triste.

Página 62

Párrafo 4

Clarisse saca sus piernas de debajo de las frazadas, se sienta en 1B, girando su cabeza lo mira con interés observando atentamente sus movimientos y gestos. Samuel le devuelve la mirada sonriendo.

Página 63

Párrafo 2

Clarisse se vuelve a recostar como estaba antes de sentarse, en los dos asientos 1B y 1C se tapa las piernas con las dos frazadas, muy cómoda, mas cerca de él, apoyando su cabeza en las rodillas de Samuel. Samuel la mira enternecido.

Párrafo 6

Clarisse se sienta de súbito en el asiento 1B, las frazadas caen al suelo, pero ella no les presta atención, con cierta impavidez, lo enfrenta.

Página 64

Párrafo 2

Samuel se sienta más recto, serio, muy sorprendido con esa reacción, sacude su cabeza de un lado a otro,

Párrafo 5

Samuel trata de relajase, se acomoda en su asiento, moviendo la cabeza de arriba hacia abajo, resignado.

Párrafo 8

Samuel sonriendo un poco más relajado, obligándola a recostarse como estaba, la mira tiernamente; asintiendo con la cabeza.

Página 65

Párrafo 3

Clarisse se recuesta como estaba, con su cabeza en las rodillas de Samuel, pero se olvida de las frazadas que siguen tiradas en el suelo. Samuel le indica con una seña mostrándole las frazadas. Clarisse mueve los hombros indicando que a ella no le importan las frazadas. A eso, pasa la azafata, se detiene un segundo mirándolos. Samuel le hace una seña apuntando a las frazadas. La azafata las levanta del suelo y tapa con ellas a Clarisse. Clarisse sonríe agradecida.

Página 66

Párrafo 1

Clarisse suelta la carcajada, Samuel se ríe con ella.

Párrafo 6

Samuel, bastante más relajado continua con su historia. Clarisse lo oye muy atentamente haciendo muecas de aprobación.

Página 67

Párrafo 1

Clarisse lo mira muy sorprendida, Samuel sigue contando la historia.

Párrafo 3

Clarisse se sienta un poco bruscamente, en 1B, las frazadas se resbalan, pero ella no las deja caer al suelo, se tapa con ellas las rodillas. Gira la cabeza y lo mira atrevidamente a los ojos, mueve la cabeza de un lado para el otro.

Párrafo 5

Samuel le devuelve la mirada sonriendo y trata de acomodarse un poco más cómodamente.

Página 68

Párrafo 1

Samuel continua con la historia

Antonio de Pórcel Flores Jaimes Freyre

Página 68 (continuación
Párrafo 4

Clarisse, que no está muy cómoda conversando sentada, porque no puede mirarlo de frente, deja caer las frazadas al suelo, se inca en 1B, con la espalda hacia el pasillo, impávida, con las manos en sus caderas, lo mira pensativa, curiosa por saber la reacción de Nezba, le pregunta.

Página 69
Párrafo 1

Samuel continua con la historia

Página 70 Párrafo 2

Clarisse, sin darle tiempo a que conteste, se vuelve a recostar en 1B y 1C apoyando su cabeza en las rodillas de Samuel, tal como estaba antes. Samuel vuelve a acariciar la los cabellos.

Página 71
Párrafo 3

Clarisse se sienta, ponme las frazadas en 1C, luego se vuelve a hincar en 1B, frente a Samuel, su espalda hacia el pasillo y lo mira intensamente.

Párrafo 5

Samuel se para, estira un poco su cuerpo, respira profundamente. Clarisse lo mira un poco sorprendida, sin adivinar lo que le está pasando a Samuel, intuitivamente, ella también se para frente a él. Se miran en silencio por un corto momento. Luego se sonríen, Samuel le toma las manos y la hace girar suavemente invitándola a sentarse en 1B. Clarisse se sienta.

Samuel le tapa las rodillas con las frazadas y se sienta al lado de ella, en 1C, cerca del pasillo. Clarisse, cómodamente, apoya su cabeza en el hombro de Samuel.

Página 72
Párrafo 1

Samuel continua con la historia.

Obras de Teatro de ToTTó: El Vuelo

Página 74
Párrafo 2

Clarisse le suelta la mano suavemente y se para frente a él, las frazadas resbalan al suelo. Mirándolo a los ojos, moviendo la cabeza afirmativamente con cierto énfasis y apuntando con el dedo lo enfrenta. Samuel la mira sonriendo, acostumbrado a esas reacciones instantáneas de Clarisse.

Página 75
Párrafo 1

Samuel toma de la mano a Clarisse y la invita a sentarse en 1B. Ella se sienta y apoya su cabeza en el hombro de Samuel.

Párrafo 5

Samuel de queda en silencio por unos segundos pensando. De pronto cambia de expresión y, poco a poco, se va poniendo triste. Clarisse se da cuenta del cambio en su expresión y queda un poco preocupada.

Página 76
Párrafo 4

Samuel cada vez se pone mas triste, contando la historia

Página 77
Párrafo 2

Por unos segundos, Samuel se queda pensando, no puede contener un largo suspiro recordando con tristeza.

Pausa corta

Párrafo 5

Clarisse se para bruscamente, las frazadas caen al suelo. recoge las frazadas y las pone sobre el asiento 1A al lado de la ventana. Luego, lo enfrenta sacudiendo la cabeza de un lado al otro, gesticulando con las dos manos.

Párrafo 7

Se nota que Samuel, sentado en el asiento 1C, está un poco dolorido, pero la mira con ternura.

Página 78
Párrafo 5

Samuel se para frente a ella y a toma de las manos cariñosamente. Clarisse no se mueve y sigue mirándolo a los ojos. Ambos se miran por un corto instante

Antonio de Pórcel Flores Jaimes Freyre

Página 79

Párrafo 2

Clarisse suelta sus manos y las pone en sus caderas.

Párrafo 4

Samuel, un poco molesto, se pone serio, se sienta recto en el asiento 1B del medio, la mira fijamente y suavemente, la toma una mano invitándola a sentarse en1A al lado de la ventana.

Párrafo 6

Sin darse cuenta, Clarisse se sienta de costado con su perfil hacia Samuel, sobre las frazadas, en 1A, frente altiva esperando la explicación.

Párrafo 8

Samuel hace un esfuerzo para sonreír tratando de calmarla un poco. No deja de estar sorprendido por sus reacciones impulsivas. Sabe él que debe tener un poco de paciencia.

Página 80

Párrafo 2

Clarisse se da cuenta que su reacción fue desmedida y que lo ha afectado bastante., Un poco arrepentida, se sienta su lado en 1A y le pide disculpas .

Página 82

Párrafo 3

Clarisse curiosa por saber que pasó después en Sevilla..

Página 84

Párrafo 1

Samuel baja su cabeza demostrando un sentimiento de pérdida y continua hablando.

Párrafo 7

De pronto Clarisse lo interrumpe, levanta la cabeza, se sienta derecha, lo mira de soslayo. Samuel sorprendido.

Página 85

Párrafo 3

Samuel totalmente sorprendido, se pone de pie y empieza a pasear frente a los asientos. Después de unos pasos, se para frente a Clarisse, levantando los brazos al cielo pregunta.

Página 85 (continuación)
Párrafo 5

Clarisse se da cuenta de haber dicho algo que afecto a Samuel, le toma las dos manos tratando de disimular su reacción, con un gesto notorio en los labios, casi sonriendo, mirándolo a los ojos directamente, casi suplicante responde.

Párrafo 7

Samuel se pone de cuclillas, inclinado hacia Clarisse, la mira tiernamente, afirmando con la cabeza, como alguien que confiesa un hecho que sigue siendo verdadero.

Página 86
Párrafo 1

Clarisse le acaricia los cabellos sonriendo un poco coquetona. Samuel le devuelve la sonrisa. Clarisse suavemente trata de obligarlo a sentarse a su lado en 1B. antes de sentarse, Samuel se estira, hace una seña y camina hacia el pasillo. La azafata los mira interesada.

Párrafo 4

Samuel camina hacia el baño. Clarisse se para, toma las frazadas y las sacude un poco, pone una de ellas en los dos asientos 1A y 1B. Se arregla en cabello. Camina donde esta parada la azafata y le pide dos almohadas.

Párrafo 8

La azafata se retira. Clarisse se queda parada., se estira un poco, se agacha a mirar por la ventana. En eso regresa Samuel y sorprendido se queda parado, quieto mirando a Clarisse, sin decir palabra. La azafata se acerca con las almohadas y las frazadas.

Página 87
Párrafo 1

Al ver a Samuel parado observando a Clarisse que sigue agachada mirando por la ventana, se sonríe moviendo la cabeza de arriba para abajo. Luego de un corto momento, la azafata, se acerca a él y dice a Samuel.

Párrafo 3

Samuel se la vuelta, mira a la azafata sorprendido sin comprender de que se trata y sin decir palabra, se queda parado, inmóvil.

Página 87 (continuación)

Párrafo 4

Al oír a la azafata, Clarisse se da vuelta, se acerca a la azafata, toma las almohadas se las da a Samuel, que las recibe sorprendido. Clarisse toma las frazadas y agradece a la azafata. La azafata se retira.

Párrafo 5

Samuel y Clarisse están parados frente a frente, el con las almohadas en sus dos manos, ella con las frazadas. Clarisse pone las frazadas en 1C, quita las almohadas a Samuel, las acomoda en 1A contra la ventana.

Párrafo 6

Luego, coge a Samuel de la mano y, cariñosamente, lo invita a sentarse en el asiento 1B del medio. Samuel se sienta y la sigue contemplando admirado, pero sin decir palabra.

Página 87 (continuación)

Párrafo 7

Clarisse se acerca al asiento 1C, tomas las frazadas, se recuesta cómodamente en el asiento de la ventana 1A apoyando su cabeza en las almohadas, estira las piernas poniéndolas en las rodillas de Samuel y se tapa con las frazadas. Samuel le pregunta.

Página 88

Párrafo 6

Samuel, sin disimular sigue acariciándole las piernas poe encima de las frazadas.

Página 89

Párrafo 3

Clarisse apoya su cabeza en las almohadas. A Samuel le es difícil continuar con la historia y poco a poco se va entristeciendo al recordar lo que pasó. Cuando esto sucede, él baja la cabeza y se queda en silencio por unos segundos. Clarisse se da cuenta de su tristeza y trata de animarlo.

Página 91

Párrafo 1

Samuel hace un verdadero esfuerzo por controlar sus emociones deja de acariciarle las piernas., mira a su alrededor, como buscando que alguien lo ayude. Mira a Clarisse moviendo la cabeza de un lado para el otro.

Obras de Teatro de ToTTó: El Vuelo

Página 91

Párrafo 3

Clarisse se sienta medio de costado, sus pies en el suelo en 1A. Toma las almohadas y se las da a Samuel, él las pone en 1C. Samuel toma las frazadas y le tapa las piernas.

Párrafo 4

Clarisse fija la mirada en él. Se nota claramente que quiere oír toda la historia. Mirándolo de costado, sin aceptar disculpa alguna, insiste que Samuel siga contándole de Nezba. Poco a poco, la alegría del momento se va volviendo tristeza, ambos la sienten.

Página 92

Párrafo 1

Clarisse cambia de actitud, se le encoge el corazón. Sentimientos de ternura que no había sentido antes vibran por todo su cuerpo. Sin poder articular palabra y sin soltarle las manos, asiente afirmativamente con la cabeza.

Párrafo 4

Samuel se queda pensativo mirándola a los ojos. Clarisse se sonríe y besa su mejilla. Apoya su cabeza en su hombro. Samuel, sentado derecho en 1B, bastante repuesto, la mira enternecido acariciándole los cabellos. Se nota que él también está emocionado. Sacude un poco su cabeza, estira su cuerpo, siente un fuerte impulso de seguir la historia.

Página 93

Párrafo 1

Samuel, mojándose los labios y mirando al cielo

Párrafo 4

Tiemblan las manos Samuel, con voz muy profunda como si alguien estuviera apretándolo por el cuello. El temblor de Samuel es contagioso, Clarisse empieza a temblar, los dos casi sin poder controlarse

Párrafo 6

Samuel imitando apenas la voz de Nezba.

Página 94

Párrafo 3

Clarisse salta en su sitio inconscientemente, se incorpora agarrándose la cabeza con ambas manos sin poder controlarse, las frazadas caen al suelo. Su cuerpo tiembla como si estuviera helándose de frío. Empieza a perder el equilibrio, está a punto de desmayarse. Samuel se para, la sostiene como puede. Ambos están llorando.

Párrafo 4

Después de unos segundos, secándose las lágrimas, Clarisse hace un esfuerzo para controlarse. Samuel la ayuda a sentarse en 1A, levanta las frazadas le tapa las piernas.

Página 94 (continuación)
Párrafo 5

La azafata, que vio parte de la escena, se acerca a ellos lentamente. Samuel la ve venir y inconscientemente le hace una seña para que no se acerque. La azafata entiende la seña y se retira cautelosamente.

Pausa corta

Párrafo 8

Samuel, temblando, mira al suelo tratando de ocultar su pena. Sus recuerdos, amontonados en su cabeza, lo obligan a seguir contando la historia. con una sonrisa forzada trata de controlarse

Página 95
Párrafo 2

Clarisse se pone de pie. Las frazadas se caen al suelo, ella no les hace caso. Se sienta en el asiento 1A, en posición de yoga. Toma a Samuel de las dos manos suavemente y lo obliga a sentarse en la misma posición. Ambos están sentados en posición de yoga, frente a frente, en A1 y B1, él dando las espaldas al pasillo y ella a la ventana. Permanecen en silencio por unos segundos, mirándose a los ojos, tomados de las manos cariñosamente.

Clarisse se inclina un poco hacia él, parece que quiere besarlo, casi no puede resistir el impulso de abrazarlo, pero llega a controlarse, tratando de disimular su súbita alegría, lo mira tiernamente. Samuel devuelve la mirada sin dejar de sonreír.

Página 96

Párrafo 1

La pena se esfumó de repente, ambos muestran la alegría de un nuevo amanecer, que no dura mucho tiempo. La azafata y los pasajeros los observan interesados. Clarisse rompe el silencio diciendo:

Párrafo 3

Samuel, conmovido y triste. trata de sonreír sin lograrlo. Clarisse se da cuenta del cambio y lanza un suspiro.

Página 97

Párrafo 5

Clarisse suelta las manos, mueve la cabeza sin aceptar su respuesta. Lo mira a los ojos con una mirada inquisitiva.

Página 98

Párrafo 1

Clarisse sin esperar respuesta o aclaración, con voz un poco mas suave, llena de curiosidad pregunta

Párrafo 3

Samuel se pone aún mas y mas triste. Samuel le suelta las manos, suspirando, su mirada perdida en el horizonte. Tiene dificultad para seguir contando la historia, Se queda en silencio mirándola.

Clarisse intuye lo que le está pasando y se enternece. Se inclina hacia él y lo besa en la frente.

Página 99

Párrafo 1

Ambos frente a frente, Clarisse hincada y Samuel medio recostado con el torso hacia ella. Clarisse trata de mostrar confianza, le toma una mano y tamborea suavemente sobre su palma, mirándolo a los ojos. Samuel se sonríe apenas.

Página 100

Párrafo 1

Samuel trata de sonreír sin conseguirlo, hace una mueca, sus manos empiezan a temblar nuevamente. Se sienta erecto mirando al frente. se caen las frazadas. Clarisse se da cuenta de su esfuerzo, empieza a preocuparse y a ponerse tensa y temerosa, sin saber que esperar. Se sienta de frente con los pies en el suelo.

Antonio de Pórcel Flores Jaimes Freyre

Página 100 (Continuación)
Párrafo 1
Levanta las las frazadas, tapa con una las rodillas de Samuel y con la otra sus rodillas y se queda quieta, en espera.

Página 101 Párrafo 1
Clarisse se inclina hacia atrás. Sin saber como reaccionar, instintivamente se arregla en cabello pensativa. sorprendida, casi sin entender, sin poder ocultar su curiosidad y al mismo tiempo asustada de saber la verdad.

Página 101 (continuación)
Párrafo 3
Samuel da la vuelta el torso mirando hacia el frente, saca su pañuelo blanco y se seca las lágrimas. Sus manos tiemblan. Clarisse se sienta a su lado de costado. Lo mira un poco asustada y conmovida con la gran pena que él siente.

Párrafo 7
Samuel respira profundamente varias veces. Mira fijamente a Clarisse tomándole una mano. Con mano temblorosa, se seca las mejillas, no puede contener sus lágrimas.

Página 102
Párrafo 2
Samuel pasa sus manos varias veces por su cabeza, acariciando sus propios cabellos, queriendo definitivamente olvidar lo ocurrido. Clarisse se queda callada esperando muy atenta.

Párrafo 4
Samuel se queda callado por un corto momento, recordando.

Párrafo 6
Samuel hablando a si mismo, mirando al cielo

Página 103
Párrafo 2
Clarisse da un salto en su asiento. Las frazadas caen al suelo. Se tapa los ojos con las dos manos y empieza a llorar desconsoladamente sin poder contener su tristeza.

Párrafo 3
Samuel la mira enternecido, la acerca a ella y hace descansar la cabeza de Clarisse en su hombro. Acaricia sus mejillas y la abraza con el otro brazo. Los dos tiemblan al unísono, sin poder hablar por un momento.

Pausa Corta

Página 103 (continuación)
Párrafo 4

Muy despacio, Samuel recupera la calma y ayuda a Clarisse a calmarse poco a poco. Por unos segundos se miran fijamente, como hablando en silencio. Ambos están perdidos en su pena y la tristeza que los envuelve. Clarisse cierra sus ojos como en una plegaria.

Página 103 (continuación)
Párrafo 6

Clarisse lo abraza fuertemente. Samuel también la abraza por unos segundos que parecen siglos.

Página 104
Párrafo 1

Las azafatas, que están observándolos se quedan paralizada sin saber lo que realmente está pasando. Intuyen que es algo muy profundo y, sin poder contenerse, lanzan un suave suspiro llevándose las manos a los ojos. Varios pasajeros que también los están observando, viendo la reacción de las azafatas, asienten positivamente.

Párrafo 2

Una de las Azafatas, se acerca silenciosamente, los observa en silencio por unos segundos moviendo la cabeza afirmativamente. Luego se agacha, recoge las frazadas tiradas en el suelo, cubre a Clarisse y se aleja lentamente.

Se pagan las luces, se cierra el telón

Fin de la segunda escena.

Tercera Escena

Escenario

Página 106

Al prenderse la luces, se ve a Samuel y Clarisse sentados. Clarisse en el asiento A1, al lado de la ventana, Samuel, a su lado, en el asiento B1 del medio. Las frazadas cubren sus rodillas. Clarisse apoyando su cabeza en el hombro de Samuel. Ambos estás bastante calmados, en silencio, perdidos en uno en la otra. Completamente ajenos a su entorno.

Momentos más tarde, se oye la voz del piloto. Anuncia que en treinta minutos van a aterrizar en Washington D.C. Al oír el comunicado, Samuel y Clarisse vuelven lentamente a la realidad.

La azafata se acerca a ellos y les pide que por favor se abrochen los cinturones de seguridad. Luego se retira.

Página 107
Párrafo 1

Samuel se sacude, Clarisse se para, estira los brazos y se sienta al lado de él. Se miran como si recién estuvieran despertando de un largo sueño. Simultáneamente sonríen como dándose la bienvenida.

Samuel se abrocha su cinturón. Clarisse trata de hacerlo pero no puede porque no lo encuentra. Los dos se miran de pies a cabeza. Clarisse, riéndose, indica que Samuel, una ves mas, que él está sentado en el cinturón de Clarisse. Samuel trata de ponerse de pie, pero no puede. Clarisse suelta la gran carcajada indicándole que tiene que desabrocharse el cinturón antes de poder ponerse de pie. Samuel también se ríe contento. Se desabrocha el cinturón, se para, alcanza el cinturón a Clarisse, ella se lo ajusta, él se vuelve a sentar y abrocha su cinturón. Las azafatas y otros pasajeros se ríen de ver esos afanes.

Página 107 (continuación)
Párrafo 2

Samuel y Clarisse se ponen serios dándose cuenta que pronto cada uno irá por su lado y una mirada tristona se asoma en sus ojos. Sienten que algo muy grande, mágico, tierno y profundo ha sucedido y no quieren que termine de repente. Samuel no quiere perderla y sabe que queda poco tiempo. Clarisse siente que la partida se acerca y tampoco quiere perderlo. Se han enamorado y no quieren despedirse.

Página 108
Párrafo 7

Samuel trata de aliviar la situación que se va poniendo un poco tensa.

Página 111
Párrafo 5

Samuel frotándose las manos entusiasmado, a punto de dar a Clarisse una sorpresa, algo que ella no puede adivinar. Anticipando su respuesta positiva.

Página 112
Párrafo 3

Samuel se ríe a carcajadas. Trata de pararse, se da cuenta del cinturón. Clarisse lo mira y se ríe apuntando al cinturón. Samuel hace una mueca como diciendo "no tiene importancia". Se desabrocha el cinturón, se para de frente a ella, levanta los brazos al cielo.

Párrafo 4

Le hace una venia. Luego, con toda pompa y demostrando su posición especial, saca del bolsillo una invitación y haciendo alharacas, se la muestra a Clarisse.

Página 113
Párrafo 3

Samuel haciendo una venia, le alcanza la invitación sonriendo, él está muy seguro de sorprenderla, espera que ella reaccione muy feliz.

Párrafo 5

Clarisse se para, devuelve la venia, toma la invitación. Luego, se sienta cómodamente. Mira y da vuelta la invitación varias veces.

Antonio de Pórcel Flores Jaimes Freyre

Página 113 (continuación)
Párrafo 8
Clarisse abre el sobre, saca la invitación y la lee detenida-
mente moviendo la cabeza de un lado al otro, sin poder
comprender exactamente lo que está pasando.

Párrafo 9
Después de unos segundos, Clarisse se pone de pie. Parada
frente a él, lo mira ensimismada, estirando el cuello, se in-
clina hacia él y le devuelve la invitación.

Página 114
Párrafo 2
Las azafatas y otros pasajeros que se dan cuenta del enredo,
los observan curiosos, disimuladamente. Samuel toma la
invitación y juega con ella sonriéndose.. Clarisse se le aga-
cha, le quita la invitación y la vuelve a leer.

Párrafo 3
Clarisse leyendo la invitación en voz alta y con sorna.

Párrafo 6
Clarisse interrumpe su lectura y devuelve la invitación a
Samuel, él la mira sorprendido y sin saber que esperar.

Página 116
Párrafo 1
Interrumpiéndola, Samuel le toma la mano y la obliga a
sentarse cerca de él.

Párrafo 5
Clarisse, en posición de yoga se hinca en su asiento A1.
Samuel la imita sentándose con sus rodillas dobladas. en el
asiento B1. Ambos están frente a frente. Samuel no puede
ocultar su sorpresa. La mira fijamente a los ojos.

Página 117
Párrafo 6
Clarisse con un movimiento gracioso y coqueteando.

Página 118
Párrafo 3
Clarisse lo besa en los labios, un beso suave, pero muy corto.
Samuel trata de alargarlo, ella tiernamente se aparta jugue-
tonamente. Samuel queda petrificado, en las nubes.

Página 119
Párrafo 1

Clarisse toma las dos manos de Samuel en la suyas, con voz y actitud de algo que ya ha sido decidido de antemano.

Párrafo 3

Clarisse sin esperar respuesta, levanta los brazos al cielo. Lo mira a los ojos en silencio por un segundo, le toma las mejillas con sus dos manos y lo besa en la frente.

Párrafo 5

Sin contestar, Samuel se queda perplejo por un corto momento, le acaricia las mejillas y, sin poder retener su impulso, la besa en los labios. Con gusto y pasión Clarisse le devuelve el beso. se pierden en ellos y se besan apasionadamente, olvidándose del mundo a su alrededor.

Pausa corta

Página 120
Párrafo 1

Las azafatas, que los ha estado observando todo este tiempo muy interesadas, los aplauden. Al oír los aplausos, los pasajeros también aplauden y algunos hacen buenos comentarios.

Párrafo 2

Después unos segundos, al oír los aplausos, Samuel y Clarisse, se dan cuenta de la situación. Un poco avergonzados, se ponen de pie y hacen una venia a la concurrencia. Luego Samuel y Clarisse se sientan. Los pasajeros los siguen aplaudiendo, asintiendo con sus cabezas.

Párrafo 3

Momentos más tarde, la azafata anuncia el aterrizaje del avión y pide a los pasajeros que abrochen sus cinturones de seguridad. Clarisse ayuda a Samuel con su cinturón y luego se abrocha el suyo. Ambos se miran tiernamente. Riéndose, la azafata se acerca, levanta las frazadas del suelo y cubre a Clarisse. Los pasajeros los vuelven a aplaudir.

Se apagan las luces
y empieza la música

Fin de la tercera escena

Sigue la música, se prenden las luces. Después de hacer las venias de rigor, los actores empiezan a bailar, luego, bajan del escenario e invitan a personas de la audiencia a subir al escenario a bailar con ellos.

Fin de la obra

Análisis de la Actuación

Epílogo

Página 125

Párrafo 1

Empieza la música y se prenden las luces. El en escenario se ve una sala pequeña. Simone-Nezba y André, una pareja joven, entran en el escenario y se paran al centro uno frente a la otra. El volumen de la música va disminuyendo poco a poco.

Párrafo 6

Simone-Nezba se da la vuelta y camina unos pasos, se queda parada, mirando al público.

Página 126

Párrafo 3

Simone-Nezba se da vuelta mirando al público. André camina y se para detrás de ella, la toma de los hombros con ambas manos, acerca su cabeza al oído izquierdo de ella. Simone-Nezba mueve su cuello en forma pizpireta, poniendo las manos en sus caderas, casi desafiante.

Párrafo 5

Simone Nezba se da la vuelta, de espaldas al público, parada frente a él, moviendo las caderas como si estuviera bailando, casi cantando.

Párrafo 7

Simone-Nezba se para a su lado, lo toma de la cintura y ambos caminan imitando a los viajeros

Los dos se paran al centro del escenario, mirándose frente a frente,

Página 127

Párrafo 2

Los dos se paran al centro del escenario, mirándose frente a frente.

Página 128

Párrafo 4

Simone se acerca a él riéndose y trata de agarrarle el dedo que el lo retira rápidamente ocultando sus dos manos detrás de su espalda. Ella corre detrás de la espalda de André tratando de agarrarle las manos, él las pone delante riéndose. Ella trata de nuevo, están parados frente a frente, él le entrega sus dos manos y ella las toma graciosamente.

170

Página 130
Párrafo 2
Sin contestar, Simone-Nezba se acerca a él. André la abra-
za cariñosamente, ella también lo abraza mostrado gran
pasión y lo besa apasionadamente.

Fin del Epílogo

Empieza la música
se apagan las luces

Antonio de Pórcel Flores Jaimes Freyre

Ahora Y Siempre

Balada Romántica

de ToTTó

para el fin de la obra

El Vuelo

Música de
Ahora y Siempre

Ahora Y Siempre
Balada de ToTTó para fin
de la obra "El Vuelo"

Balada Romántica
Compuesta por ToTTó
"El Bohemio Boliviano"
Inspirada: En Un Amor Verdadero
Dedicada a: Mi Linda Petunia
Mayo 8 del 2013
============
Ahora Y Siempre
Introducción
Solo de música

I Verso
Mi amor será
sólo para ti.
Te lo entregué;
te lo regalé . . .

Puente Coro I
Acéptalo Ya.
Acéptalo Ya.

II Verso
El día vendrá,
nos sorprenderá,
tu me abrazarás,
dulce despertar . . .

Puente Coro 2
Acéptalo Ya.
Acéptalo Ya.

Solo de música (introducción)

175

III Estribillo

Desde el sendero,
donde el sol se acuesta;
camino a tu encuentro
los brazos abiertos;
te ofrezco mis labios
quiero que me beses . . .
Tus besos, mis besos.

Solo de música (introducción)

Coro: El

Dame la mano,
apoya tu cabeza;
acá, en mi hombro.
Ya somos amantes . . .

Ahora y siempre.
Ahora y siempre.

Coro: Ella

Te doy la mano,
apoyo mi cabeza;
suave en tu hombro.
Ya somos amantes . . .

Final: El y Ella a dos voces

Ahora y siempre.
Ahora y siempre.
Ahora y siempre.
Ahora y siempre.

===========

Obras de Teatro de ToTTó: El Vuelo

Antonio de Pórcel Flores Jaimes Freyre

Acerca del Autor

Licenciado en filosofía y literatura, con una maestría en Antropología, estudios de doctorado en Psicología y Educación en la Universidad de Stanford, California, Antonio de Porcel Flores Jaimes Freyre, - "ToTTó El Bohemio Boliviano" – actualmente enseña su Taller de Poética, Tercer Ciclo: Poética de la Estrofa.

En sus ratos libres, compone canciones, ballets; crea diseños gráficos; filma videos musicales; escribe: poemas, monólogos, obras de teatro, comentarios, y ensayos en forma de "Diálogos de Antonio y ToTTó".

Algunos de sus escritos están publicados en su página de Facebook y en su bitácora (blog), titulada: "Del de la Mente del Poeta, al Corazón del Artista". Varias de sus videos musicales están publicadas en You Tube y algunas de sus canciones en su página de MySpace.

Nacido en el 1936, en La Paz Bolivia, desde 1968 radica en California. Tiene: un hijo, una hija, dos nietas, dos nietos, dos bisnietas y dos bisnietos.

Es un 'Bohemio" de convicción personal dedicado al arte de la escritura y a la formación de poetisas y poetas que deseen aprender su Teoría Poética, en forma teórica y práctica.

Escritoras y escritores interesados en participar en sus varios talleres, deben comunicarse con el autor.

Dirección postal correo corriente:
319 Poplar Avenue # 1
Redwood City, California 94061
USA
Dirección virtual: Email: antoto-
mus@gmail.com

Made in the USA
Columbia, SC
27 July 2024

39474688R00104